還好，我帶媽媽去看了世界

沈昌賢 Vocal 著

Contents

推薦序

意料之外的旅行

親子作家　神老師&神媽咪（沈雅琪）

有一次我與工程師帶Vocal和神媽媽一起到花蓮、梨山去旅行，習慣生活步調快速的我，跟Vocal一起出門去旅行，真是快瘋了。

每開車一小段，Vocal就會驚呼：「這裡好美!!」我們把車停好以後，他就扛著單眼相機下車，開始找他滿意的角度、光線，等待火車經過，等待飛鳥以最優雅的方式入鏡。他是真的喜歡旅行和拍照這件事，真是完全顛覆了我對電競玩家的想法，以前總覺得喜歡打電競的孩子會整天窩在家裡，他卻同時這麼喜愛戶外的活動，熱愛生命和大自然。

當他告訴我們想帶媽媽去歐洲旅行時，我們都覺得媽媽一定第一時間就會婉拒他。因為這麼多年來，媽媽的工作、家務忙碌，就連我們想帶她去外地兩天一夜，她也常常擔心工作而無法跟我們出遊，長期為家庭的經濟操勞，從來捨不得在自己的身上多花錢。

沒想到媽媽竟然一口答應！第一次跟弟弟出國去玩，就玩了三十八天，到挪威看極光、到瑞士滑雪、到北極圈看無敵雪景、到土耳其看遍地的貓咪、搭了馴鹿雪橇、到德國去看姊姊、到義大利看米蘭大教堂……我想不只是我，媽媽應該在出發前都沒有想過這輩子竟然能有這麼棒的一段旅行。

看到 Vocal 書中詳述旅行的過程讓人身歷其境，看到每一張美景照片都讓我驚呼連連，怎麼能有這麼美的地方!!怎麼能拍得這麼美!!感謝 Vocal 帶媽媽出遊，讓辛苦一輩子的媽媽能有這麼棒的回憶。

踏上幸福的旅程

YouTube「姐姐愛開車」 沈慧蘭（殺手蘭）

我和弟弟差六歲，小時候常帶著他到處玩，但長大後每當別人問起我和弟弟小時候的趣事，印象最深的竟然是我騎腳踏車載他，把他的頭摔破一個洞，然後我被爸爸打得半死……天啊！和弟弟從小到大這麼多美好的回憶竟然都忘了，只記得弟弟摔破頭。每次很想補充說明我們深似海的親情，記憶卻都好模糊，如果小時候我有寫日記，應該就能證明我是如何虐待他，啊！不是，是如何疼愛他。

這幾年弟弟帶著媽媽到歐洲深度旅遊，留下好多珍貴的回憶和紀錄。身為女兒和姊姊，真的很開心兩個我深愛的親人，可以一起創造這麼美好的旅程。而弟弟這幾年開始攝影和寫作，我也才發現他除了曾是電競國手的身分以外，竟然也是個有溫度的攝影師和作家，常讓我看著他的照片和文字，猶如在每一則溫暖的故事身歷其境。

謝謝弟弟帶媽媽出去玩，一起去看遍世界最美好的風景。我想對很多人來說，人生最大的幸福之一就是在旅途中有至親相伴，只是很多人或許也跟我們一樣，因為工作和各種現況的羈絆而無法實現！也謝謝弟弟用書本完整記錄了這趟旅程，讓每一個人都能分享這份愛和幸福。

每一段經歷，都會在未來用不同形式來豐富自己

七年前，我做了一個人生中比較重大的決定，那就是去上海工作。這意味著我必須和在臺灣的家人、朋友暫時告別，以及放下累積多年的工作人脈和成績，重新開始了。

其實，我離開臺灣前的最後一份工作很受公司重用，而且薪資也達到了年輕時覺得不敢想像的水準，算是圓夢了。可是，對當時三十五歲的我來說，眼前大概只剩下這個機會去親身感受臺灣以外的生活和文化。不管結果是好或壞，我都想去看，去感受，去嘗試。

我一向認為外界和媒體報導的說法只能當作參考，除非親自參與或是看到，否則不太會妄下定論，因為這世界上有太多不同立場和聲音了。一件事情的好與壞，親身體驗都不一定準確，更何況是聽別人說呢。我想透過長期在當地生活，獲得不一樣的人生體驗。

在上海闖蕩的近七年時間裡，我過著和在地人一樣的生活，可能一大早跟通勤上班族們一起在車站擠地鐵，下午在法租界的百年洋樓間漫步，晚上出現在從小就慕名的「精武門」故事發源地；來到文學家魯迅的故居，或許轉個彎就是蔣家人住過的官邸，走幾步就是張愛玲住過的公寓……從沒想過，自己會與書本中出現過的歷史舞臺靠得這麼近。

平常我會到菜市場買菜，鑽進知名巷弄裡的各式小店試吃，走進弄堂、拆遷區域，跟一路上遇到的老闆、工人、司機、學生、老人們閒聊，但我也會與買東西時插隊、在地鐵下車時不禮讓的陌生人當場吵起架來，與溫暖有禮的服務員禮尚往來。疫情期間，我跟著大家一起被封控了七十八天，我們在深夜偷偷出門以物易物、早起搶菜、每天排隊做核酸檢測，深入在地的生活著。

我住在有幾十年歷史、外表乾淨、老人多、樹多的老社區，天天都聞到鄰居煮菜飄來的香味，日日聽到鄰居吹奏樂器聲。這就是生活，是我想看見的、跳脫原本生活圈的城市風貌。雖然一個人住難免寂寞，但每當我走出住處的大門，就像是在某個陌生又新鮮的地方旅遊，這讓我愛上了孤獨的自處時間。

生活中有各種鳥事，遇到委屈、不公平和令人煩心的事，但也有幸運、新鮮、驚喜、順遂、美麗。體驗過什麼是好的，才知道哪裡不夠好；體驗過什麼是糟糕的，才知道什麼是好得驚人。既然付出了離開家鄉的代價，只要一有機會，我都會盡量去探索各地不同的風土民情，累積更多的見聞；藉由實際比較，我更確定什麼是好與壞，一點一點地重新形塑了自己的價值觀。

人生有限，怎能不盡力去多看看？這六年來，我走遍了北京、哈爾濱、延邊、青島、泉州、廈門、杭州、南京、武漢、蘇州、青海、甘肅、長沙、株洲、海口、成都、重慶、澳門、西安等地。體驗了零下七度夜晚的萬里長城、世界第三極的高原、大雪紛飛的雪山之村、六百多年歷史的帝王塚、國共內戰的古戰場、抗日戰爭的破碎倉庫、唐僧取經的古道、千年壁畫的石窟、同框詩人的樓宇、江南水鄉的河道古鎮、鎮壓三江災厄的巨佛像、始皇帝地下王國的兵俑們……

中年出走的這七年，不僅豐盈了我，打磨了我的人生，也讓我開始有餘裕去關心在臺灣親愛的家人。要不是家人們把自己照顧得很好，在重要時刻互相幫忙，我也不會有餘裕在自己選擇的道路上努力前進。因為家人之間彼此有愛，讓我即使在外打拚也覺得心安。

更重要的是，它讓我願意分享更多的愛給這個世界。這七年在異鄉的旅程，幫助我從零開始累積了完成夢想的經驗值，像是解決問題的自信、攝影技巧，成為我日後帶領母親長途旅行的技能，也是始料未及的事。如果是七年前和神媽出國旅行，我可能沒有辦法留下心目中最美好的畫面，因為那時候的攝影和後製能力都還不夠成熟。此外，我可能撐不了三十八天，也沒有勇氣跟陌生人互動，回來後恐怕只說得出「很漂亮」、「超美」和「好貴」這樣的評語。幸好七年後的今天，神媽還是非常健康，我也因為這幾年不間斷練習，攝影精進了許多。

總之，我很開心能運用過去一步一腳印走來的經驗，一起回頭與家人創造更多美好的回憶，以及動人的故事！

Chapter

1

Dream trip of a lifetime—
could it really come true?

人生超夢幻旅程，
真的能成行嗎？

天外飛來的工作邀約，開啟未知的可能

時間回到二〇二二年，經營自媒體多年的我，收到了一封與平時不同性質的合作邀約信。那是一位旅行業者傳來的訊息，想邀請我開箱挪威旅行團。當我提出能否再帶一位家人同行時，這位女士表示，如果是她也很欣賞的神媽，當然沒問題。

這個突如其來的邀約，開啟了意想不到的行程——北極圈耶！我曾經想帶神媽去上海、日本玩，但從未想過去比較冷、要飛行那麼久的遙遠國度旅行。總覺得會有很多困難，因此從來沒有仔細考慮過。

這個邀約讓我的腦海之中出現了非常多的畫面，會不會……只要好好規劃，我也能讓辛苦了一輩子的母親走出臺灣，去看看截然不同的世界？在醞釀的過程中，我愈來愈渴望能夠讓母親能真的成行，完成這趟在我倆人生中堪稱瘋狂的旅行。

首先，總得先提出吸引人的方案，再詢問神媽的意願，才能提升成功率吧？擔心神媽覺得直飛挪威太遠、太累，我心想，不如在土耳其轉機的四天，先在當地玩一玩？況且，我們還可以去見見受到疫情影響，住在德國、多年不見的姊姊呀！

就這樣，原本八天的行程，變成了二十幾天。後來到了歐洲覺得機會太難得，加上經營瑞士民宿的朋友邀請，我們還跑去法國與義大利給母親一個驚喜，最後變成了三十八天的跨國之旅。

一開始，我其實不知道神媽是否會答應這次的旅行，還記得詢問她的時候心很虛，一點把握也沒有。

為什麼呢？因為這四十多年來，我對母親的認知就是她超級無敵節儉，我完全說不出家裡有任何一項她為自己而買的非必需品。難道她不喜歡享受生活嗎？當然不是。

小時候，我家的經濟狀況很不好，孩子又多；說穿了，她就是犧牲自己的享樂來換取全家人的存活。說真的，即使她那麼節儉，但後來能夠把上千萬元的債務還完，並且把六個孩子扶養長大，不得不說是傳奇。

即使家人們自告奮勇幫她出旅費，她肯定不會接受為了旅行花錢。雖然心裡有點慌，但我還是裝作一臉自然地開口了：「媽，我們去北極圈看極光好不好？之後還可以去德國找二姊。我們之前只有在附近走走，要不要趁我工作有空檔，出去看一看？」

神媽：「北極?!啊～那裡不是很冷嗎？」

我知道她會拒絕，繼續假裝興奮地說：「還好啦！之前我去黑龍江零下二十幾度，只要穿得多，又不像我那麼自作孽，把手拿出來拍照，其實根本不太冷……而且室內都有暖氣，真的不太冷！」

神媽：「嗯……可是……這個時間不是過年嗎？我們要在國外過農曆年？」

我心裡一涼，完了！她畢竟是有傳統習慣的人，怎麼可能輕易答應在年節出國呢？

但不愧是經過社會洗禮的油膩中年男子，我嘴裡說出來的卻是：「對啊！會在國外過年啊！那有什麼，妳看我當年當兵的時候，還有前兩年疫情期間，自己一個人在上海的時候，還不是都沒辦法回來過年？我們現在也還是很幸福啊，哪有差？而且人生有幾十個過年，其中一年換個地方過也不會怎樣啊！」

神媽沉默了幾秒，我內心覺得應該無望了，正認命等著她拒絕，再來圓場換個話題。

她開口了。

但是，說出的是：「好啊！那就走吧！」

蛤？真的假的？

我鼓起勇氣又問了一次：「走吼？真的……？」

「走啊！就像你說的，反正每年過年都一樣嘛。這個出去走走的機會滿難得的，我也可以去看看你二姊啊，疫情搞得我們都三年多沒見了。」

哇塞！是真的！

我懂了，神媽這些年固然對生活的認知改變了很多，開始會替自己安排時間健走、上課、學外語、與三五好友和妹妹聚會，很認真地面對退休生活，讓每一天都過得精采。但讓她做出這個決定的動力，還是她最掛念的孩子。她想要去看看遠在德國的女兒，過得好不好？她想親自摸摸可愛孫子的頭，給他每年都會寫滿祝福語、裝了壓歲錢的紅包袋。

先說結論，後來我們到達德國後，母親和二姊在機場緊緊相擁，並且在她家裡住了兩週。不僅三餐都不用煩惱，她還帶著我們四處遊玩，充滿幸福與安心感。

真的是太久沒見了，這對母女經常聊天聊到深夜。現在回頭看，如果不是近年來母親對於人生的看法已經大大不同，她肯定不會同意花錢出國玩的。但這些都不重要，這趟旅行的成果太豐盛，是無法用金錢去衡量的。

與想見的人相見，無價；與重要的人一起創造回憶，無價；不論年紀多大，探索新的人生體驗，無價。

我只想說，還好，最後神媽答應了。我們才能展開這場一輩子難忘、彌足珍貴的旅程。

Chapter

2

Don't hesitate.
Begin the journey now!

别再猶豫了，
現在就出發！

我二十二歲時因為贏得電競比賽第一次出國，三十四歲時才在北海道看到人生中的第一場雪。雖然我沒有恰好出生在一個年少時就能出國的家庭裡，但至少在我四十歲的時候，很幸運地，可以和七十幾歲、身體還很健朗的母親，一起鼓起勇氣去冒險，享受人生至高的幸福。

雖然這趟旅行不可能時時刻刻都開心到爆表，但回想起上一次跟家人這麼親近、這麼快樂的旅途時光，真的已經好久好久了。

我常覺得年紀稍微大一點點再去玩，更好玩。同樣是去旅行，小時候的我總覺得山不就是山，水不就是水，爸媽特別帶我們出門去看山和水幹麼？能不能快點回家，讓我好好打電動！

人生的前二、三十年，心態大致上是見山是山，見水是水；山川因何而生，山河為何而易，這些對我當時來說都不重要也不有趣。因此，沒有太多心思去感受高山的壯麗險峻、河水的澎湃廣闊，或是探索大自然的奧妙。

我們每個人過了某個人生階段之後，都像在跟時間賽跑似的。病痛、老化、意外、轉業、分離迎面而來……你會發現，身邊原本好好的人，有一天突然就走不動了；那個誰誰誰的親戚，一夕之間就離開人世了。最可怕的是親愛的家人，噢，甚至是自己，都開始察覺到衰老正在慢慢成形。

意識到這些隱藏在歲月靜好之下的流逝不容易，如果想在時間的巨輪停止前做些什麼，或許得在多年後失去了什麼，淬鍊出什麼，才有辦法真的付諸行動。然後，我們可能需要運氣，才能看到想珍視的人站在那裡，微笑地看著你，而不是已經忘了你是誰。

隨著在人生行進過程中體會的苦樂增加了，遇到的人性考驗次數多了，漸漸地，我開始見「山」不只是「山」，不自禁地將自身的生命經驗與之對照。

大自然裡有美麗的動物、植物，也有變化劇烈、翻臉毫不留情的狂風暴雨，是不是跟人生的無常一樣？而我們又該如何把握生命中有限的時光？

我們身處的環境，有前人開墾的軌跡，也有民族意識的變遷；有城市建設的掠奪，也有天然地形帶來的深遠影響；而前人的篳路藍縷，跟我現在擁有的生活，是否有值得借鏡的地方？……種種思考都會讓我回想起人生至今的各種經歷，與自己展開一場靈魂對話。

一旦心境轉變，你會發現萬事萬物都有值得細細觀察的樂趣，彷彿踏進了一個全新的世界。

我常想，如果不是在上海獨自生活和打拚了六年多，如果不是因為愛上旅行和攝影，如果不是因為疫情離開家人那麼久，如果不是習慣寂寞而愛上獨處，如果不是因為多年前的失戀開始寫作，如果沒有開心和不開心的事情累積，不會有現在的我。

年輕時大人對我們的諄諄告誡，常常一句都聽不進去，非得自己經歷挫折、受傷、撞牆之後，才學會成長。如果不是用時間換取歷練，又怎麼懂得體會和珍惜的意涵呢？

如今四十二歲的我，生活過得還算清晰。回頭看看從前的自己留下的一些紀錄，似乎已經脫胎換骨。

困惑少了，路就清楚了；果斷多了，迂迴空間就大了。

變老是滿煩人的事，尤其是健康漸漸流失，真的很令人煩惱。但年華老去不是只有帶來壞處，還帶來了珍貴的禮物，那些不用時間就換不來的東西，像是表達愛的勇氣與愛人的能力，這不是一件簡單的事情。

最近有所大學的攝影社團，邀請我去演講。以前的我還沒有強烈感受到這項嗜好能帶給自己和別人好處，加上主業又忙，總覺得沒什麼可以分享的，所以總是婉拒主辦單位的好意。但是經過這趟旅行之後，我徹底改觀了。可以把轉瞬即逝的時間凍結下來是多麼美好，不但當事人看了開心，其他人看了也能感受到幸福。而且現在看、以後看，甚至後人來欣賞，都是樂趣無窮啊！一見到那些畫面，逝去的記憶彷彿又再度鮮活了起來，這是花多少錢都換不來的啊！

第一次接下攝影講座的邀約，我想分享的不只是攝影知識和高級器材，而是怎麼運用拍照與人互動、替自己和親愛的人留下美好的回憶，創造更多幸福感。

現在手機很方便，不管拍得好不好，都是最好的記錄。這趟旅行中，神媽拍攝了幾千張照片，讓她愛上了拍照。唯一後遺症就是選擇困難，因為累積的照片太多了，無形之中，成為甜蜜的負擔。可是，每當我們拿出手機回味那些照片時，往日的幸福又一一浮現在眼前，那種感動是言語無法形容的！

Chapter

3

You took care of me.
Now I take care of you.

以前是妳拉拔著我長大，
現在換我牽起妳的手

完成這趟與母親的三十八天跨國旅行之前，我擔心很多事情，像是遇到扒手、搶匪、騙子、天氣太冷、路面濕滑、舟車勞頓、飲食不習慣、網路不通、行李超量、過海關被抽問，或是到了那邊發生意外狀況怎麼辦？我自己在外地居住多年倒是還好，可是神媽是第一次跑那麼遠，她的身體健康和安全是我們全家最重視的事，絕對不能出任何岔錯。

很多能事先準備解決的就一一解決，像是提醒神媽去領藥物、跟姊姊借行李箱、購買新的防水防滑鞋、把中英文資料印出來、買好網路卡⋯⋯出發前後我就像個老媽子一樣，一直嘮叨地碎碎念，一點都不像平常的我。

「阿母，在治安比較沒那麼放心的地方，如果有人跑來跟妳講話，妳不用想著要很善意、很用心的回覆，只要覺得困擾，不用回話也沒關係。眼睛不用看他，馬上找到我，也不要拿任何人的東西。我

們寧願被當作沒有熱情的路人，也別讓自己陷入麻煩。」（僅限治安不好的地方。）

「萬一真的發生意外，讓我們走散了，妳就在原地等，我會回來找妳。而且千萬記得一定要開網路，這樣我才能聯絡到妳。」

「走在濕滑的路面一定要等我，讓我跟妳一起走。記得要蹲低，一小步、一小步慢慢走，如果一腳踏上去是滑的，另一腳不要跳過去，很危險。所有這種路段我們都要一起走。」（後來在德國結冰的地上摔得四腳朝天的人是我……）

「我會跟海關說妳是我媽媽，聽不太懂英文，如果他還是要問妳問題，那妳就把這些印好的旅行和住宿資料都給他看就行了。要是還不行的話，我會折回來跟他說，不用擔心。」

「行李箱很重，要上下車子或樓梯時不要自己硬拿，記得要讓我拿，不然閃到腰，整個旅程就慘了。」

「這個旋轉樓梯很窄，下去時讓我走前面，上去時盡量讓我走後面，萬一踏空就會摔得很慘，一定要慢慢走。」（結果後來在瑞士車站樓梯踏空摔傷腳踝的人是我……）

「絕對要留錢在身上啦！！雖然我在妳身邊付錢的時候比較多，可是萬一我們走散了呢？所以不要把妳的錢給我啦！妳可能會有需要用到的時候。」

我人生中沒有想過的是，竟然跟神媽一起來到遙遠又陌生的國家。而她也沒有想過，自己能在七十幾歲時來到從課本和新聞裡才知道的地方。

「那麼冷！怎麼可能！」

「飛機要坐那麼久！一定受不了啦！」

「國外的食物吃不習慣怎麼辦？」

這些經常出現在長輩慣性思考的擔憂（我媽從沒這樣說過），後來一個一個迎刃而解了。冷就選對衣服穿，嫌坐飛機太久就藉由轉機

多玩幾天來分散，或是帶著自己喜歡的書或 iPad 追劇；食物吃不習慣，就去超市買食材或現成的自行處理，其實大多問題都能夠解決。

關鍵是神媽沒有因為年紀而自我設限，也沒有在還沒嘗試之前就鎖上童心和熱情。所以我們才有機會一同探索沒看過的世界，跳脫出可能一輩子都不會離開的框架，在有限的時間裡，創造更多的幸福。

人生中會有各式各樣的挑戰，生命的鑰匙到頭來還是掌握在自己手上，不要期待由旁人來幫忙開鎖，他們頂多就是推你一把。能轉動命運之輪的人只有自己，如果你打從心裡認定自己不能、不會、不適合，就真的不會有任何新的可能了，多可惜。

旅行中不會只有快樂和舒適，但是樂趣也來自於此

長途旅行有時候又累又花錢，還真不是全程處於「快樂」的狀態。

很多人應該都有這樣的經驗：離開舒服的家，跑到很遠的國家，人生地不熟。遇到塞車動彈不得、服務生的態度很差，面對不習慣的食物、不適應的氣溫、物價高、景點髒、一直在走路、提行李很麻煩……這些大大小小、層出不窮的狀況，讓人不免心生抱怨，感到焦慮和疲勞。

不過，人通常習慣分享愉快的事情，像是在臉書、IG上分享無敵美景照、旅程插曲，看到的朋友都覺得非常羨慕。但是，下次自己去的時候，才會發現黑暗面。

一張令人回味無窮的美照，運氣好的時候，隨手舉起相機、手機就有了。但很多照片是我在零下五度到二十幾度頂著刺骨寒

風，把手指頭露出來，釘在同一個地方半小時才捕捉到的畫面。有時候連鼻涕都來不及擦，手痛得半死，必須定時縮回手來保溫，肩膀則因為背負太重，隱隱傳來痠痛。

有時候為了拍出好照片，玩到一半，卻要靜下心來等待人潮散去的那一秒；或是隨時做好四周的動物會不會突然做出可愛小動作的拍攝準備。

好不容易，等了一會，才有一艘船或一部適合的車子經過畫面中心，並且跟不小心入鏡的人解釋。有時候必須在天黑之前爬到山上拍照，再一個人下山回到城市……這些過程，我的旅伴神媽都看到了。

這種時候，我的表情通常不會太好看。因為我很專注於在寒冷中穩定身體、呼吸和肌肉，構思眼前的畫面，想辦法處理各種問題。如果此時神媽跟我講話，我可能沒辦法回應得很好，於是她乾脆自己在一旁自得其樂地玩起來，拿出手機拍照，或是打字聊天去了。

那些拍照當下往往不是愉悅的狀態，對身心來說都是明顯的消耗。如果不是辛苦拍攝過後的果實特別甜美，我更想待在家裡打電動、看電影，吃日常習慣的食物就好。但是因為攝影，讓我一次又一次地確信全力以赴是值得的。那些記憶和畫面都化為了視覺上的永恆。日後，我可以跟身旁的人談論旅途中的種種感動和快樂。

在精神上，我知道自己完成了想完成的事情，那是一種無與倫比的力量。

前面說的是跟拍出好照片有關的麻煩事與勞累之處，就算是一般人不攝影，旅行中其實也充滿了各種需要解決的意外狀況。

交通問題：火車延誤、臨時被取消、坐到一半突然發現要在其他站下車換乘、不同路線搭配、購票以及預約取消問題，以及套票怎麼買最划算、去哪裡搭船等。

食的問題：餐廳選擇、超市選擇、自己處理食材、儲備食物與熱水等。

行程問題：景點開放時間、景點玩法、天氣、穿著與裝備、景點銜接、門票等。

離家長途旅行的生活問題：藥品、家中寵物及財物保管、機票、保險、簽證等。

跟團出遊可以免去以上的麻煩與問題，但是樂趣和自由度也會減少，所以就要視狀況做決定。若是你覺得帶著長輩出遊真的不適合自助旅行，跟團也是不錯的選擇。

作家王爾德（Oscar Wilde）說：「我們都生活在陰溝裡，但仍有人仰望星星。」美好中夾雜著不好，幸福中伴隨著雜音，圓滿與遺憾共存，這才是真實的人生。

勇敢去嘗試自己有熱情的事情，它可能會將你從生活的泥淖裡拉出來。

Chapter

4

I am definitely not the best person
to take my mother abroad.

我絕對不是最適合
帶母親出國的那個人

認識我比較久的人都知道，我常常一個人趁著工作空檔去旅行。喜歡一個人旅行的原因很多，其中一個就是「如果跟不適合的人一起出去玩，那真的很痛苦，還不如一個人。」

每個人對「玩」的定義不一樣，有些人覺得到知名景點來張自拍，接著在網路上發文是玩；有人覺得把景點走透透、長知識才有意義；有人覺得體驗所有遊樂設施才盡興；有人喜歡買一堆紀念品、品嘗美食、住精品飯店；有人每個行程都要銜接得很準、嚴格控管時間；也有人和我一樣，願意花一定的精力去拍出好照片。

在有限的旅遊時間和預算裡，旅伴之間很容易就因為意見不同而產生衝突。如果想法差異不大又能互相體諒，其實和其他人結伴旅行挺好玩的，也會留下美好的回憶。但很多時候，即使是好友、情人、家人，都有可能因為一起出遊而鬧翻。因此，旅途中不僅要互相照顧，也要考慮彼此的需求，以免造成不愉快。

找旅伴時還是要慎選，不是誰都適合。有些兩性專家的觀點是，不妨利用長途旅行的機會來觀察自己跟交往對象的契合度，這的確是個好方法。

習慣獨處的我，早已愛上一個人的生活。住在上海六年多，嘗過一個人旅行的醍醐味，我體認到與其等待其他人再出發，不如自行上路。

我常常一個人到處亂跑，走遍大街小巷。我在大家覺得應該要約會吃大餐的聖誕夜，在北京東北邊、零下七度的萬里長城上，流著鼻水架腳架自拍；我曾去南京時被關在天黑的朱元璋墳墓裡，努力找到出口才脫困；我一個人開車進行臺灣環島之旅，一去就是晃遊一個月。

我喜歡拍照和拍攝影片，取景真的很耗時，跟我一起旅行的人，往往都會受不了！但是，如果不能把美好的回憶定格，對我來說也很痛苦。

一般人一天可以走三個景點，在我的長鏡頭、廣鏡頭、運動相機、空拍機、手機運作之下，大概只能拍完一個景點。拍完之後，我可能會站在原地感受一下四周蒼茫的大地，或是跟牛、羊群玩一整個下午。

我常常一天平均走近十公里的路，以這樣的步調來說，應該很少人能夠跟我合拍吧。

說到帶著媽媽出國這件事情，大家可能不知道，我的五個姊姊都很優秀，有的擁有跨國事業，有的從小就是第一名，有的辦起事情條理分明，有的才華出眾，她們總是默默地在背後支持家人。而且她們的脾氣、修養都比我好，耐性也是，我覺得最適合帶母親出去的人，應該輪不到我才對。但是，看起來不搭軋的我，就是遇到了這樣千載難逢的機會。

我的工作型態比別人彈性，雖然不是家中經濟能力最好的，但還是有些存款。加上我是最愛到處趴趴走又比較任性的孩子，所以，就是我了。

我也曾擔心自己的英文能力真的有辦法應付嗎？遇到扒手或搶劫怎麼辦？當我專心拍攝時能顧及到母親嗎？那些沒去過的寒冷地帶，有沒有風險？神媽能適應當地的飲食習慣嗎？跟我出去這麼久，她會不會受不了？

出國旅行比較久的人都知道，出去玩當然好，但也是會累的。而且當你不跟團時，住宿、交通、飲食、穿著、景點、行李、氣候、治安問題，都要花費不少心力去準備。但是我知道，我想去！我想抓住機會創造美好，沒有什麼好囉嗦的。

旅行中快樂的事情實在太多，但難免有踩雷或是意見相左的時候，有人問我花這麼多心力值不值得？我想都不用想地回答，太值得了！這可是我這輩子做過最正確的決定。

旅行中，看著我媽彷彿回到孩童時代的單純快樂，每天都在吸收新的養分，那真的不是金錢可以衡量交換的。關鍵是，我媽媽跟誰都能是最好的旅伴，因為她是個超有耐性、隨和又有智慧的人，很能夠自得其樂。她常常跟動物玩在一起，一個人用手機拍得不亦樂乎。

人生有些事情真的沒辦法預測。從沒想過有一天會帶著母親在中東、北歐、歐洲旅行三十八天，後來還有第二回的三十七天旅程。也許我不是最好的旅伴，也不是最適合帶神媽出遊的人，但是不妨礙我們一起展開旅程，實現心中的夢想。如果當初我瞻前顧後，先自己嚇自己，就沒有後續美好的故事發生了。

帶長輩出國的必備清單

前陣子有位網友寫訊息給我，說她也很想要帶家中的長輩出國旅行。當地天氣寒冷、經常下雪又有高山行程，請教我有什麼需要注意的地方？我以自己的經驗提醒她，出去玩還是要多留心，不能完全放下警惕之心。不要走夜路，比較偏僻的地方不要去，遇到有人搭訕時別太隨興，會比較安全一點。

另外，重要物品記得另外放。為什麼講到這個？因為我們在伊斯坦堡和米蘭旅行時，即使知道歐洲的扒手猖獗必須小心，一路上戰戰兢兢，但我的背包還是在伊斯坦堡被打開了兩次，我跟神媽的背包在米蘭時各被打開了一次，真的是很驚險！

好在我們沒有損失任何東西，因為背包正面放的都是衛生紙之類的小物，小偷打開之後沒看到有價值的東西，所以沒有出手。那些重要的東西，我們都另有隨身藏放之處。

在臺灣旅遊的超大優點就是治安好，心情可以很放鬆，完全不用擔心被扒手偷東西、被搶、被路人硬塞商品要錢，甚至掉了東西也有很大機率能找回來。更別說，臺灣最美的風景就是人！

出發的兩個多月前，我就展開籌備作業，也把必備的事項和用品一一列出來。機票、住宿、護照、網路卡、該帶的藥物、景點資訊、眼罩、轉接插座、換錢、空拍機的保險和註冊、投保、潤唇膏、防水鞋、衣服、防寒又好看的帽子、國際駕照、提前處理工作、添購新的攝影器材和硬碟……

以下是出國前準備須知，提供大家參考。

天氣（夏天的話會少很多）：

☑布料薄卻保暖的發熱衣與褲子（不妨多帶幾件替換）

☑絨布或是有毛料的外衣

☑防水防風的褲子和大外套（連帽的更好）

- ☑防水防滑的高統鞋。（請注意，踩到結冰的地面還是很滑，請在當地買冰爪套上去。）
- ☑防寒防風手套（至少有一點厚度，不是那種純針織的）
- ☑暖暖包（放口袋）
- ☑厚的高統襪子
- ☑有側面防寒設計的帽子（風大的時候可以保護耳朵）
- ☑口罩（天氣冷的時候擋風）
- ☑輕型雨傘、雨衣
- ☑圍巾（衣服若有設計擋脖子就不用）
- ☑防曬冰感袖套、脖套（夏天遮陽用，有些山區紫外線太強）
- ☑墨鏡（冬天上雪山用，夏天可遮陽或是拍照使用）

搭長途飛機：

- ☑平板或筆電（飛機上沒網路，先為長輩下載好音樂和影集）
- ☑耳機（飛機上附的耳機無法在平板電腦上使用）
- ☑頸枕
- ☑大外套（下飛機時可能有很大的溫差，穿上才不會感冒）
- ☑常備藥（會暈機的話，先吃暈

機藥）

☑零食（增加觀影樂趣，哈！）

＊備註：體型較大的長輩可以考慮加購逃生出口旁的機位

過海關：

把預訂的旅店、景點資訊列印出來。如果長輩不會外語，又沒辦法陪同過海關，那就請長輩拿出書面資訊給對方看。

方便、安全性：

☑準備貼身小包包（重要證件或現金放此包，藏在大外套或外衣裡），放一些現金在長輩身上（分散風險，以及防止他們走失沒錢用）。

☑幫長輩準備當地能用的網路卡，裝上通訊軟體，萬一走失可以聯絡，並請長輩不要將網路開開關關，以及告訴他們走失如何處理（建議留在原地並記得開網路，真的等很久，再用手機翻譯軟體給警察看）。

行前用英文在字條上寫下聯絡人資料。

☑手機與相機的安全繩能把手機

揹在身上再放入口袋，防止被扒，但還是不能防止被搶喔。

給長輩的叮嚀：

在國外單獨面對主動積極前來攀談的外國人時，不要過於親切，也不要接受他們的任何東西。聽不懂的話，堅定地搖頭即可，盡快找到家人來處理。

另外，後背包絕不能放重要的東西。拿出手機拍照之前，請注意一下周圍的人，小心被偷。

藥品：

☑慢性病所需的藥物：血壓、血糖、氣喘等，同一種藥記得分幾包，放在不同地方，以免一次丟失，就完全沒藥可用。

☑常備藥：感冒、肌肉拉傷、消炎、退燒、腹瀉、腸胃炎、過敏、流鼻水、咳嗽、止痛、暈車暈機等）、擦傷藥、預防高山症藥（通常開丹木斯〔Diamox〕要提前吃。另外，如果可以有登高山行程，建議提前幾天去高海拔的地方先適應）。

☑OK繃、消毒棉片、足踵貼（防新鞋子磨腳）、潤唇膏。

☑高山症用的小型氧氣瓶（有些景點可以買到，在高山上可以補充氧氣，最好不要等到高山症出現才使用）。

其他：

如果想幫長輩留下高品質的紀念照，可以投資好一點的手機。或是使用小巧的相機，方便錄影又不大的拍照設備，推薦DJI Osmo pocket3（錄影畫質比手機好又超穩的）。手機雖然方便，有時候要拿來查找地圖或是聯絡，電量也會受影響。

小型單眼相機：可以參考Canon R50、R10，或是其他品牌同樣大小和價格的機型。

另外，推薦Insta360的Go3S的超小拇指相機，它可以固定在胸前，隨時低調記錄你與同伴在旅行中的自然談話，或是發生的精采故事，而不會被路人側目。

空拍機：

各國有不同規定，有的國家不可攜帶入境。歐盟需要事先上網註冊或是購買保險（請參閱各國空拍法規網站，入境後也要注意禁飛區），超過 249 克的空拍機大多需要先上 EASA 考照。

住宿：

☑選擇周圍環境不要太吵（若不靠近酒吧街或鬧區，治安會好一點）的飯店或民宿。

☑提供自助早餐吧的旅店，通常在菜色上選擇較多，是是解決口味不合的辦法。

☑距離要去的景點，不需舟車勞頓。

☑雙床房型比起單張大床，對兩個人來說更舒適。

☑距離火車站、輕軌站、地鐵站近，或是步行就能到達景點。

☑有些太熱門的景點很難訂房，房價也很貴，可以考慮住它鄰近的小鎮。

保險：

請記得投保旅遊不便險哦！包含在國外的醫療、行李失竊、班機延誤等。

遇到語言不通時怎麼辦？

有位網友很想去歐洲自助旅行，但她覺得自己的英文能力不行。雖然現在網路發達，可以用 Google 即時翻譯，仍然遲遲不敢上路，問我怎麼克服語言問題？

我的英文程度算普通，最後一次認真學習應該是國中三年的英文課，但是我發現對旅行來說已經夠用了。我們缺少的其實是用英文交談的經驗，只要勇敢說出自己的需求，加上利用現代的科技輔助，真的沒有那麼可怕。

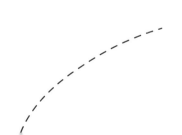

這趟旅行，在中東、挪威海關被詢問的機會比較多，例如：「你整趟旅程還會去哪裡？」「你會住哪裡？」「有回程機票嗎？」

我拿著早已提前準備好的資料，告訴他們下一位是我媽，她不會說英文，有問題的話，我就在旁邊。

抵達各城市後，購買公車票、火車票、地鐵票、餐廳點菜、問路、買廁所的票（歐洲很多廁所都要付錢），不一定有英文標示可以看。那麼，就問路人吧！對方語速太快或是不懂英文、腔調重都是常有的事，但我們還是順利過關了。

如果真的聽不懂，換個人問就好，不用心急，也不必期待過高。外國觀光客來臺灣時中文說得坑坑巴巴時，我們不是也沒失去耐性嗎？在我的所有旅程中，難免有英文沒說得很順的時候，幾乎沒遇過外國人對我表現出不耐煩，所以不要自己嚇自己。如果是面對比較複雜的需求，我會先在手機打好字，翻譯成該國語言。

在瑞士的米倫小鎮時，我跟神媽覺得整天都塞在纜車上，走不過癮，想要多走一萬步再搭車，又不知道下一站要走多遠？最後一班車什麼時候開？哪條路線會更適合散步？就拿出手機 App 翻譯成德文給站務員看，順利得到了解答。

他說當天已經有一點晚，勸我們在附近散散步就搭車回去，不要走路下山，天黑後很危險。

這趟旅行是我人生中使用英文最多的一次，還滿有成就感的，十分有趣。畢竟以前身邊都有英文更好或是懂當地語言的親人，我只需要偶爾插插花就可以了。這次，我必須負起重責大任，難免感到焦慮。但是隨著旅程的進行，我很快就習慣使用英文開口了，還會跟在地人互開玩笑。那種人與人之間的交流真的很棒！只要時間允許，我就會把剛剛的對話翻譯給神媽聽，讓她也能一同參與。

能夠跟他人實實在在地一起交流，交換彼此的見聞，說出自己的想法，是旅行中的一大樂事。神媽是個很願意主動伸出援手的人，在旅途中很多時候只能被動地在一旁等待我處理事情，我知道那種感覺不太好受，也少了一些與陌生人互動的樂趣，這也許就成了日後她想要學習英文的動機吧。

Chapter

5

There is a kind of romance called Türkiye.

有 一 種 浪 漫 叫 土 耳 其

「我想帶妳去浪漫的土耳其……」

幾年前，這首流行歌曲在各種場合不斷竄進我的耳朵裡。當時我想著，以後有一天要去看看歷史課本上的拜占庭帝國、鄂圖曼帝國、君士坦丁堡（今天的伊斯坦堡）是什麼樣子。

結果……不但來了，竟然還是帶神媽來，想都沒想過啊！

第一次與母親進行的跨國之旅，我們在挪威、德國、法國、瑞士多多少少有親友罩著，因此整個行程中我最沒把握的，就是第一站的土耳其。這是我從沒去過的地方，而且還是帶著珍貴的家人，心裡不免擔心會出現什麼狀況，或是沒辦法讓神媽玩得盡興。

那天我們從臺灣啟程，飛了十二個多小時，抵達土耳其機場，實在好累。到了伊斯坦堡時天色還是黑的，因為這個季節早上八點左右才會天亮。一片漆黑下，我們在前往民宿的路上，什麼人影都看不到。

經過長程飛行，感覺頭有點重重的，氣溫又低，加上還沒吃東西，身心俱疲，全身一點勁都沒有。

民宿主人看到我們，親切地說：「房間和早餐還需要一點時間準備，你們可以先在旁邊沙發休息喔。」

我是很想在沙發直接睡一覺算了，但……突然不知道哪來的靈感，心想不然撐著點去頂樓晃晃好了。原本無精打采的我們心不在焉地緩緩走上民宿頂樓，抬頭一看，「哇塞！」完全被眼前的風景嚇傻了。

剛日出的博斯普魯斯海峽霞光四射，彩雲繽紛，像火燃燒一樣紅豔，再加上滿天飛舞的海鷗，還有流浪貓跑來找我們玩，也太讚了吧！

「啊啊啊啊啊啊！！」

「媽，還好剛剛有想說先上來！」

「好險！差點就想在樓下沙發坐著休息等早餐啊！」

伊斯坦堡用這樣療癒的美景迎接我們，能夠親身體驗這樣唯美的畫面，我也更確定帶母親出來玩是對的。

第一天真的很幸運，因為這個光影在十分鐘不到後就完全不一樣了。雖然還是很美，但跟剛上樓時完全不能比，而且接下來我們待在伊斯坦堡的日子，幾乎全是陰雨連綿的天氣，這天是唯一天氣晴朗的日子。

可愛的神媽，從頭到尾手機都沒放下來過。我後來又錄了一部影片時，她也一直高舉著手機自拍。

看到她發自內心的興奮，我真的很開心！這也鼓舞了我，對於接下來的行程更有信心。

第二天，我一直沒跟神媽說要去哪裡玩，然後私底下偷偷研究要怎麼參加博斯普魯斯海峽的遊船行程（在臺灣的旅遊網站上就可以找到，使用線上信用卡支付即可。可能需要以網路憑證在土耳其當地換票，請注意各家旅行業者的告示），然後就在她完全沒有預期之下，我們登船了。

土耳其用滿天的紅霞迎接我們

沿岸的風景真的太美了，東西美學交融，讓人目不暇給。有歐風古圓柱建築，有橢圓尖頂清真寺，這高低起伏的丘陵城市實在太過精采，讓我們各自沉浸在眼前美不勝收的湖光山色裡，久久無法言語。

天氣很冷，海風很凶猛，偶爾飄起冰雨，原本站在甲板上充滿遊興的乘客們都紛紛返回船艙取暖，只剩下寥寥幾隻小貓。

流著鼻涕的我，實在捨不得眼前美景，堅持拿著相機，從頭拍到尾。好幾次我請神媽進去船艙取暖，她說不冷，堅決要繼續待著。

好吧，也有點嘴饞了，我索性去買了草莓巧克力杯，一口零食，一眼風景，好不快活。

船旅漸漸到了尾聲，天色已暗，城市的燈火紛紛亮起。我們運氣不錯，天邊竟然出現燦爛彩霞，「啪啪啪啪啪」～快門聲此起彼落，我就不客氣地用相機收下啦。

佇立在廣闊海峽的甲板上，看著神媽的髮絲迎風飄揚，用放鬆又享受的眼神眺望著遠方，我的腦海中竟然升起奇妙的想像：如果她生

在古代的土耳其，會是什麼樣的光景和故事呢？

眼前的景色很美，與心愛的家人一起看世界更美好。

真心覺得我們這對年齡加起來超過一百歲的母子能有機會展開壯遊，一起看世界，實在太幸福了！

高塔上的浪漫之吻

在外地旅行的時候有一種樂趣，就是與別人交流。我聽聽你的故事，你和我說說家鄉的美好；有緣擇日再見，無緣也能在離去前在心裡留下一絲暖意。

以前的我很閉俗，不太敢與陌生人攀談。但是後來膽子大了，我會主動對好奇的人們表達善意，因而打開意想不到的友誼大門，不僅豐富了旅程，也滋養了人生。

那天我跟神媽媽漫步在由七座丘陵組成的伊斯坦堡，決定登高望

遠，爬上加拉達石塔，欣賞一下博斯普魯斯海峽的美景。

古代設計用來瞭望敵情、觀測城內火災的高塔，內部常常很狹窄，爬了老半天，我們終於來到最高處，眼前景色美得令人咋舌。它是一個360度環景的觀景台，不但可以遠眺博斯普魯斯海峽，還能細細瀏覽整座城市，實在太完美了。

雖然天氣陰陰冷冷，倒是有一番冬天冷冽的淒美。

高塔裡，人們三三兩兩地逛著。繞了一週後，我發現眼前有一對情侶，可能是因為伊斯坦堡太浪漫，或是情到濃時旁若無人。在如此狹窄的地方，他們竟然忘情地擁吻，眼裡滿是炙熱，令人心跳加速。

孩子們看了覺得有趣，大人們則是互望一眼，相視而笑。

我也被他們的熱情吸引了視線，腦海中浮現起他們忘情地相擁而轉，周圍卻出現時光異變的場景。從西元前六世紀的拜占庭帝國、鄂圖曼帝國，輪迴到現在的土耳其，西臺人的兇猛、蘇丹王的勇謀都已隨風而逝……（好啦，我承認電影看太多了！）

上 / 小情侶的深情之吻
下 / 登上加拉達石塔可以看見 360 度的景色

等他們親吻完（大概一小時），我主動上前攀談，表明想要幫他們拍照，問他們是否想要留下愛的回憶？

他們笑開懷：「當然要！要！謝謝你！」

我拿起相機cue了這對情侶檔：「請再度透過吻讓彼此感受到愛」，待他們開親之後，我又補了句：「請想像今天是世界末日！」

哇，真的好熱烈，這就是人人都有過的熱戀吧！看來我不喊卡，他們是沒打算停止了。

後來我跟這來自法國的男生、來自斯洛伐克的女生聊了一下，他們很期待有機會來台灣玩。

臨走前，我們交換了IG，說好之後把照片寄給他們做紀念。

看到他們滿心感謝，我覺得自己的主動出擊，很有意義。

在過往的旅行中，我曾經被許多陌生人的溫暖所感染，因而決定成為帶給別人溫暖的人。

你是否也有這樣的經驗呢？

旅途中的邂逅，我們不必期待陌生人有所回報，也不用想太多來嚇自己。若是你能大方釋出善意，通常能得到善意的回應，甚至留下一些有趣的回憶（前提是顧慮安全）。

天啊，神媽不見了！

說起加拉達石塔的故事還真是不少，在我拍完情侶之後，我跟神媽繼續享受塔頂的極致風光，由於實在是太漂亮了，所以我們兩個遲遲沒有要離去的念頭，繞著環形步道一直觀賞著不同角度的美景。

這塔上其實很窄，每一樓層由室外環形走道和室內休息區域組成，兩者都不大，尤其是室外走道，窄到會一直跟其他遊客碰在一起。

雖然人多，可是我並不覺得會有跟神媽走散的可能性，因為這地方實在很小，只要不要上下樓，我覺得不會有什麼問題。

但是，事情總是能夠出乎人意料的發生……

有時候我拍照拍得入迷一點，神媽就會自行往前再走一點，我會一直注意著她的位置，她幾乎都會在我的視線內，沒想到幾分鐘後，神媽的背影消失了。

我心裡想：「這步道這麼小，而且還是環狀的，等一下就算繞一圈也會相遇的，我猜我稍微往前走兩步就看到她了吧。」並沒有很擔心。

但等我真的往前走去找她時，我卻很驚訝的發現，她不見了……我以為只是需要再往前走幾步就能看到她，於是我再往前走，卻還是沒發現她的身影……

「不會吧？我已經繞一圈了，人呢？」「啊，那應該是進室內躲風去了，畢竟外頭還是有點冷嘛。」想著想著我就走進室內圓心座位區域找她，什麼？竟然還是沒有？怎麼會？難道是沒找到我先下樓了？

我打開手機的line傳訊息給她，等了幾秒鐘卻發現她並沒有已讀，我抬起頭左顧右盼還是沒看到她之後，決定往下找，踏上樓梯把下面兩層也都給找了一遍，沒有，就是沒有……

我再度拿起手機，打了line的網路電話給她，沒接，前面的訊息也還是沒有已讀，這下我可真的慌了……不會吧？這麼小的地方也能走散嗎？腦中開始出現多種可能性和想像畫面，這實在不是什麼令人愉快的狀況啊……

愈來愈擔心，愈來愈恐懼，這裡每天都有數以萬計的遊客湧入，神媽不懂英文，萬一她真的走丟怎麼辦？不敢再細想，趕緊繼續找，我又一路找上頂樓。

室內座位區還是沒有，我抱著最後希望，再走出戶外，來到步道區再繞一圈試試（這一圈其實小到只需要十幾秒鐘就能繞完），這要是再找不到，我恐怕就得把事情往最嚴重的方向去辦了。

「怎麼我們分開了，她也都沒有讀line呢？明明她手機是有網路的啊。」，現在的狀況讓我百思不解，心中愈來愈著急。

疑？就在我繞著走道覺得根本不可能在這找到她時，突然在室外的夾角牆邊看到了一個熟悉的人靠著牆在玩手機，這不就是神媽嗎？啊？

我喜出望外，趕忙上前去找她，討論了一下才知道，原來因為她習慣比較節省，所以把網路先關了，在牆邊休息邊玩手機等我。而且八成是當我在找她時她也在找我，我們就一起繞著那個環狀步道走，直到我進入室內去找她而錯過，這種種的巧合也太恐怖了，讓我擔心死了。

這一次的經驗讓我更加了解在外面什麼事情都有可能發生，所以事前讓她身上準備著飯店資訊、錢、網路，還有安全觀念都很重要，而這次事件讓神媽也知道了不用為了省網路而關掉它，關鍵時刻還是得靠它來聯絡的。

呼，好險只是虛驚一場啊，真的是太嚇人了，這種事情的後果可大可小，不可不慎，寧願事前多準備，多針對這樣的狀況來討論，也不要毫無準備，以免造成遺憾。

＊＊＊

在土耳其的最後一夜，我打算帶神媽媽吃點好料。因此，前一晚當她睡著時，我偷偷打聽了當地美食餐廳的情報，選定一家景觀超讚又是米其林推薦的餐廳。

沒想到隔天要去用餐時發現找不到這家餐廳入口，本來打算要在逛街時假裝隨意走進店裡用餐給神媽媽驚喜，情況卻變成了一邊拿著手機查找，一邊在心裡困惑：「這地址怎麼變成了一間 hotel ?」

好吧，只好硬著頭皮進去飯店櫃檯問，這才知道餐廳就藏在飯店內部，可以搭樓梯上去。

可惡，一點都不帥了，有點狼狽。

進去後穿西裝的服務生上前招呼，從室內裝潢到窗戶看出去的景色都滿有水準的，可以直接看到超美的港口夜景、加拉塔大橋與壯觀的清真寺，樓上還開放我們去拍照。還好我們來得早，後來位子都被一桌一桌的客人給占滿了，真是熱門的餐廳。

這裡的東西很好吃，以料理的品質和地點來說真的不貴。我們試了好幾種不同的菜，兩人都很滿意。神媽媽特別愛用餅皮沾醬吃，我覺得每一道菜都還滿特別的（除了鷹嘴豆泥），不愧是有口碑的餐廳。

這一夜，我們兩個都覺得好幸福，竟然在遙遠的土耳其吃到具有異國風味又美味的一餐。吃飽喝足後，登上餐廳樓頂享受伊斯坦堡的無敵夜景，一邊舉起手上的相機拍個不停，嘴裡一邊討論著哪個角度拍照更美！

其實一整天下來，我們已經走了兩萬五千步的路程，覺得累了，但因為太開心，就像有用不完的精力似的，決定不搭地鐵，直接走回飯店。

餐廳名：Tershane karaköy（位於時代報金角灣酒店八樓）
地址：Arap Cami, Tersane Cd. No:24, 34420 Beyoğlu/İstanbul, Turkey

難得吃到道地的土耳其餐，十分美味

宏偉的聖索菲亞，參觀有技巧

伊斯坦堡的聖索菲亞大教堂已經誕生快一千五百年，是對於世界建築史有重大影響的世界文化遺產，幾乎是所有來伊斯坦堡的遊客都會朝聖的地方，十分美麗。白天教堂前排隊人潮洶湧，我跟神媽順路經過時簡直無法想像，如果排隊進去要花多少時間，起碼要兩三小時吧。

民宿的店員非常熱心，當我詢問他有什麼旅遊建議時，他提供了一個特別實用的情報，那就是晚上八點過後再去教堂參觀。因為白天遊客多，晚上則多是在地的信徒與民眾前往，人潮會少很多。我們當天選擇在入夜後進場，真的是超級順利。雖然裡面的人潮還是挺多的，卻完全不用花時間排隊。

不愧是快一千五百歲的偉大建築，超壯觀！藍綠的地板配上四周閃耀的金，再加上吊燈和雕飾圓頂，美得讓人不禁肅然起敬，感覺走在教堂裡面，整個人的動作和呼吸都變輕柔了，心情非常平靜。

我找到一個不錯的角度，幫神媽拍了紀念照。她也想替我拍照留念，於是我告訴她如何構圖，結果她竟然拍出了我的「相親照」，技術突飛猛進啊……

我跟神媽在教堂裡慢慢瀏覽，這時候我注意到有對情侶坐在地上，他們正在自拍，似乎玩得滿開心的。

我一直想要拍一張可以呈現教堂廣角的照片，於是主動上前跟這對情侶聊天，表示想邀請他們當我的主角，這樣也可以順便幫他們留念。

小情侶開心地答應了，我也開始引導他們拍照，順利完成了想要的畫面。

比較妙的是，當我拿著器材跟情侶說話時，被教堂保全人員注意到了。他們搞不懂我在幹麼，可能有點懷疑我是不是在騷擾別人，或是想要進行商業攝影，於是就靠了過來，眼神有一點凶。

當我拍完照，發現被盯上時，覺得好氣又好笑。我直接走向保全人員，主動跟他們聊了起來。我說只是想要以這對情侶為主角拍照，並不認識他們，也沒有收錢。

後來我又自我介紹了一下，說我們來自臺灣，也表達了這幾天在伊斯坦堡的旅程很開心，然後把我IG上的作品給他們看。

教神媽拍人像，當然也要為她留影做紀念

聖索菲亞教堂美得像座藝術品

當他們理解一切只是誤會，一改原本嚴肅的神情，一一跟我握手，還跟我聊得不亦樂乎，哈哈！直到現在，我們都還透過網路聯絡呢。

此時旁邊有個來自中國黑龍江的年輕男生也加入了我們閒聊的行列，於是我們一群人就這樣互換了IG，開心的合照，我也把聊天過程的內容翻譯給神媽聽。能夠跟這些素不相識的人打交道，她顯得很開心，這個身在異鄉、如夢似幻的夜晚就這樣圓滿地落幕了。

一路上，我們邊走邊看，邊拍邊玩。有時感性地讚嘆，有時為眼前驚喜的畫面喝采，有時忍不住哈哈大笑。走過平均一天一萬八千多步的足跡，為土耳其之旅留下了難忘的回憶。

唉，美好的時光總是過得特別快，伊斯坦堡的旅程終究要結束，多麼希望時間能夠永遠停駐在此刻。

我身後是壯觀又神聖的清真寺

笑容滿面、穿得一身白的神媽

Chapter

6

In the Artic Circle,
a new bond flourishes with mutual care.

零下的北極圈，
互相照顧的新關係

結束了短暫的土耳其之旅，下一站是帶神媽來北歐的挪威看極光啦！由於挪威的地形太特別，我媽在飛機上忍不住一直狂拍下方的挪威海岸線，直喊：「從來沒看過這些，真的太美了！」坐在她旁邊的我，很高興看到她這麼開心。但沒想到，當我們轉機到挪威的首都奧斯陸（Oslo）時，發生了一個突發事件。

我們在機場櫃檯兌換當地貨幣，換完後開始尋找登機門，就在此時與其他同團的團員相遇了。因為時間還早，就一起去旁邊的咖啡廳坐著等待登機。

這時候團員提出想跟我換錢的要求，因為數目不大，所以我便一口答應了，然後拿出剛換好的挪威克朗出來。這一數，總覺得哪裡怪怪的，再仔細一想，「疑，數目不對啊！」差不多少了整整一百歐元。雖然離換錢的地點已經非常遠，但我還是決定回去一問究竟。

好不容易繞了大半圈，終於回到換錢的地方，同樣是那位年輕的小姐坐在櫃檯。她看我折返回來，臉上的表情有點微妙，似笑非笑的，接著我保持冷靜，客氣地說少給了我一百歐元的事情。瞬間，她表情變得更微妙了，笑意少了一點，狠勁卻多了一點。

我跟她說：「這邊都有攝影機，對嗎？我們可以請警察來確認一下，我相信它能夠證明我說的話。」

說完這句話後，原本預期會有一番爭執，但是出乎意料的，她大概只停頓了兩秒鐘，從頭到尾完全沒有辯解，冷冷取出一百歐元遞給我。

因為她的反應實在不像是不小心出錯的樣子，這更讓我懷疑原先的失誤根本是在演戲……通常遇到這樣的情況，不是都會回想一下，甚至主動要求檢查攝影機嗎？

我回想當初換錢的時候，確實太過信任這種設立在機場的機構了。當時跟這位小姐短暫聊過天，注意力也不夠專注，剛抵達挪威的興奮和開心讓我失去了警覺性，竟然沒有當場點清楚鈔票就轉身走人了。以後出國旅行真的要注意，在此也把這個慘痛的經驗分享給大家。

北極圈，我們來了！

在北極圈範圍內、冰天雪地的特羅姆瑟（Tromsø），有著像荒川冰河的海洋，也擁有色彩繽紛的童話小屋，是個令人沉醉的城市。每年它會有幾個月進入永夜狀態，也就是沒有白天的存在。

我們受邀參加的是TromsoAurora挪威中文極光團（這條挪威線已經結束，但還是有其他路線可以參考喔！），那天到了特羅姆瑟，天色已經黑了，而且風非常大，腳底下踩的都是冰雪，隊友們都迫不及待地想要進去溫暖的小木屋取暖。

當我推開門的那一剎那，立刻被四周溫馨的氛圍融化了！發現任意挑選一個角落坐著都是一種享受。

或許它不適合用豪華來形容，但是處處洋溢著溫馨色調，十分雅緻。剛剛好的空間大小讓住在裡面的人很自然地產生互動；想到接下來要在這間屋子居住八天，就覺得開心。

要不是外面行程實在太誘人，我真想住在小木屋裡十天、半個月。就算只是走到門口欣賞雪山和峽灣景色，也覺得超級開心。

此時我看了一眼神媽，顯然她也沒享受過這種體驗，興奮之情都寫在臉上。後來我們每天的外出行程結束後，只要一有空閒，就會帶點零食或咖啡坐在沙發上，天南地北地聊天。

偶爾打開窗戶，讓峽灣的冷風吹進來，內外室溫的差距更讓人感覺到幸福。而白天從窗戶看出去就能直接見到令人屏息的雪景加峽灣，實在太美好了。

我有點幼稚地向神媽小小邀功了一下，「妳看！還好妳有答應讓我帶妳來，這裡是不是真的超夢幻、超棒的？」

神媽笑著點頭，不自覺地說：「要是你阿姨也能來體驗就好了。

她一直都那麼認真過生活，真希望她也能一起坐在這裡喝咖啡，聽海（峽灣）的聲音，我想她一定很高興。」

神媽媽跟她的妹妹從小感情就特別好，兩人一起長大，一路互相扶持地走到現在。我還記得，當年我們家遇到經濟難關的時候，阿姨毫不猶豫伸出援手相助，令人備感溫暖。

她們現在三天兩頭就會相約去散步、逛市場、上運動課、旅行。除了是親人的關係之外，還是彼此這輩子最好的朋友，這是何等幸福的事。

不過我很清楚，不是每個上了年紀的人都適合出遠門旅行。外面的風景固然很美，也有必須承擔的風險和旅途上的健康勞累需要列入考量。

從我們住的小木屋到市區觀光必須經過一座大橋，之前幾次往返讓我發現橋上的風景非常美，於是帶著神媽一起步行上橋看看。

當天天氣很冷，所以我們穿得很多，外面是防水連帽羽絨外套加

溫馨的小木屋，打開窗戶就是美麗的峽灣風景

上防風防寒褲，裡面是厚的發熱衣褲（還不止一件），中間則是抓絨衣和毛衣，另外還有能包覆耳朵的帽子（有帽簷更好）。口罩、內裡加絨的防水手套、圍巾、防水防滑鞋，自然也少不了。

這樣穿很暖，但直面峽灣風大的地方，又是另一回事了。當刺骨的寒風挾帶著冰冷的空氣吹來時，感覺身體裡的熱量消耗不少，少數露出的肌膚也感到刺痛，實在太凍了！

橋上的風超大，來到橋的入口時，我煞有其事地停下腳步，找神媽開了個會討論。「咳咳，那個……接下來上橋前要來確認一下衣服夠不夠暖啊。」

我一點都不想讓她冷到，萬一感冒怎麼辦？

我看了一下神媽的全身裝備，脖子雖然有高領衣服可以擋風，帽子也能遮擋耳朵，為了更保暖，我拿出自己的圍巾讓她戴上，把脖子空隙塞滿，再把外套的帽子拉起來固定好。在這個過程中，突然覺得我的老母親似乎變成了需要呵護的小孩子。

我的腦海中出現了一幅畫面，小時候個子矮小又瘦弱的我，必須抬頭看著大人。那時候的她就像一座巍峨的大山，是那麼可靠又充滿幹勁。

時光匆匆，現在變成高大的我幫母親打理這些日常小事。

不知道神媽對於角色互換有什麼感想，我們真的很少有機會這樣對待彼此，畢竟東方人總是比較內斂又羞於表達愛。

上橋了，風比想像得還要猛烈，即便做好萬全準備，還是有點受不了。相機瞬間變成金屬冰塊，就算戴著手套都是冰冷，露出拍照的手指凍到不行。我戴了兩層帽子還是被風吹得發抖，而且風強到讓戴著口罩的我們有點難以呼吸，本來計畫要過橋去另一側逛逛的，後來想想還是算了。

還好，橋上的風景優美。峽灣迎著夕陽，戲劇化的雲層襯托著魔幻的雪山；船隻似乎不畏懼冷冽的氣候，依然循著自己的軌道，而此刻岸上的城市閃閃發光，真的美極了。

冒著寒風走上特羅姆瑟大橋所觀賞到的景色

看到極光超感動，看到母親變回小孩更是感動

在這次的極光團中，一群人為了一圓各自的夢想千里迢迢而來。有人帶著奶奶的遺願前來，有人是度蜜月，有人想暫時逃離工作喘口氣，有人全家溫馨出遊，有人退休後到處跑……一開始我們都是陌生人，隨著待在小木屋的時間久了，一起用餐、洗碗、整理餐具、出門逛街、看極光……彼此之間漸漸變得熟悉起來。

當夜幕降臨，極光在天空飛舞，所有小木屋裡的旅人們會互相通知，此起彼落地高聲大喊：「極光來啦！」這種單純的快樂喚醒了早已遺忘的學生時代，參加畢業旅行時的回憶。值得慶幸的是，回臺灣後又多了一群擁有共同回憶的朋友。

凌晨十二點左右，神媽早已入睡，我癱在床上寫臉書文到一半，聽到有團友衝出來破音大喊：「有～極～光～啊」興奮之情溢於言表。

我馬上穿衣服走出去，已經進入夢鄉的神媽竟也努力坐起身，放

與神媽在極光下合影

棄溫暖的被窩去看極光。

即使氣溫只有零下七度，眼前美得讓人屏息的挪威峽灣，還是讓我們忍不住拿出相機和手機拍照，手都快凍僵了。

遠方山巒的黑色輪廓上方有青綠色的巨大極光在天空飛舞，有時候是融為一圈，有時候各自閃耀，彷彿它們擁有生命，映襯著冷色的海水與暖色的小木屋燈光，實在是不可思議的景象！

此時，四周傳來團員們歡呼和尖叫聲，如果世上有天堂，這大概就是其中一幅景象了吧！

我回頭看神媽，她情不自禁地對著天空伸出雙手揮舞，好像一伸手就能觸摸到極光。笑得眼睛都彎了起來、大聲歡呼的她，神情是那麼純真又幸福。

但是站在峽灣海邊忍受著超刺骨寒風，真的是對抗意志力的一大考驗。後來大家都進去睡覺了，只剩下我和兩位團友依然堅持在原地拍到半夜三點才罷休。

是極光啊！

找馴鹿去囉！

此行我們參加了一個自費行程，就是去看馴鹿和體驗馴鹿拉車。原本以為那天的重點就是馴鹿，但沒想到，在搭乘好長一段時間的巴士路途上，沿途的風景無敵美麗。本來出發時大地還是一片白茫茫，到了後半段路程，竟然開始出現彩霞，甚至演變成火燒雲，於是成了一趟夢幻之旅。

一般來說，除非真的太累或是太遠了，旅行時我在交通車上幾乎不太睡覺。面對窗外的風景感到新鮮又好奇的我，隨時準備好相機和手機捕捉美景，這趟前往馴鹿園的路上也是如此。

當我們踏進馴鹿園的時候，一眼望去是冰天雪地的廣闊平原。遠方的雪山綿延不絕，接下來迎接我們的是滿天的粉紫、粉藍、粉紅色霞光，然後就見到了可愛的生物——馴鹿。神媽興奮不已，笑得像個孩子。她一邊跟馴鹿說話，手上的手機拍不停，想靠近牠們又害怕，

前往馴鹿牧場的路途上，天空的火燒雲很耀眼

北歐風小屋與壯麗的景色，如詩如畫

對馴鹿感到驚喜又有一點害怕的神媽

充滿生命力的可愛馴鹿

進進退退。而我在一旁用相機記錄，差點忘記自己其實也是初次見到馴鹿，只覺得感動又有點鼻酸。

後來我們還搭上了馴鹿雪橇，可愛的牠們用意外強健的肌肉帶動車子往前，載著我們漫步在雪原上，速度並不是很快，這讓我們更能好好享受慢遊的節奏。隨著兩側的景色不斷後退，我的腦中浮現了兒時夜裡抬起頭對聖誕老人許願的畫面，當年想要什麼禮物我已經忘了，但真正一直為我帶來幸福的慈愛使者，此時不正就在我身邊嗎？

在這趟短短的路程中，兩個年紀合計超過百歲的母子共同擁有了人生的第一次體驗，真的很幸福。

連老天都來幫忙解鎖的百萬風景

這天的行程是去特羅姆瑟的高處觀景臺看市景，因為團員人數眾多，分為兩批。我們是第一批，第二批則是隔天再去。

參觀展望臺最怕的就是天氣不好，若是遇到起霧、下雨、陰天，都會讓俯瞰的視野大大受限。前一天的氣象報告預測是多雲，很可能是陰天，這不免讓我擔憂起來。但也無計可施，只能祈求好運，對吧，所以只好要自己放寬心了。

出發日到了，我們搭著旅行團的大巴士再度通過了美麗的特羅瑟姆大橋，一路往觀景臺出發，並且順利搭上特羅姆瑟纜車（Tromsø Fjellheisen），來到了四百二十一公尺的高臺。

當我一走出高臺，忍不住倒吸了一口氣，天啊！這真是前所未見的地形和美景。而且這天天氣特別完美，不僅能見度很高，天空也布滿了彩霞。挪威到底是怎麼回事，怎麼可以擁有如此神奇的無限彩霞天空呢！

遼闊的天際中有飛機劃過，下方是綿延偉峻的雪山稜線，狹長的峽灣上嵌著一座座具設計感的小房子，水面上來來往往的船隻與圓拱線條的大橋交織在一起，簡直如詩如畫。

峽灣與我們每天都要經過的大橋

運氣好看到超清晰全景

超夢幻的峽灣美景

挪威擁有得天獨厚的地理景觀

過橋時從車上拍攝的珍貴畫面

我跟神媽看著峽灣特有的城市雪景，一方面感嘆著原來世界上有如此獨特的景致風光；另一方面，則衷心感謝老天的幫忙。

為什麼這樣說呢？因為隔天第二批次的團友們，遇到了常見的大霧，烏雲密布，能見度不佳。他們帶回來的照片，一看就知道自己要是去了一定也會感到遺憾，只能說我們的運氣實在不錯。

親情是無價的禮物

在挪威觀光時，有些路面結冰比較濕滑，還好主辦單位早就有所準備，讓我們使用冰爪，並在路面鋪小石頭，把一切風險降到最低。不過，我還是擔心神媽萬一滑倒怎麼辦，結果可不堪設想。別說玩了，很可能會有嚴重的後果。所以，在那幾天中，我總是主動用手勾著母親的臂膀，一起壓低身子，一小步、一小步地向前進。

我們的家庭成員之間一向沒有肢體接觸的習慣，平常也幾乎不會有互相擁抱、手勾手的舉動出現。所以一開始，當我們碰觸到彼此時，有種說不出的異樣感，真的滿不習慣的。

我發現不止是我，神媽也有點不好意思，在稍微安全的路段時，會輕輕地放開我的手。但是對我來說，安全甚於一切。後來幾天我還是這樣扶著、勾著她，或是抓著她的手腕，漸漸地她也就習慣了。於是乎，在零下溫度、海風刺骨的異國，我跟母親有了進一步的接觸，互動也變得不一樣了。

那個我最熟悉的好友兼慈母，總是為他人著想、心胸像海一樣寬闊的人，以前是她拉我的手前進，怕我跌倒，現在換成我陪伴她前行。我也暗自高興，能夠與她一起度過一段難得的時光，真是太好了！

其實家人之間保持距離，沒有什麼特別原因，可能就是不太好意思吧，於是用內斂又含蓄的方式來表達情感。如果有機會，希望大家也能向身邊重要的人表達關心和愛意。

回到市區後，開始了兩人的自由行，終於可以有機會好好漫步在

團友幫我們母子拍下合照

像極了童話世界的特羅姆瑟街景

這個屬於北極圈的城市了。

北歐的房子設計簡潔、現代，多彩卻不飽和，看起來跟歐洲那些古典宏偉、充滿歷史感，裝飾元素豐富的建築有明顯的差別，非常具有特色。

我們特意往在地居民的生活區走，四處閒逛。除了熱門的旅遊景點，我對當地人的生活文化也很有興趣，沿途遇到積雪，還很幼稚地在上面滑冰。沒想到神媽也有樣學樣，童心大起，在雪地上做出搞笑的動作，馬上被我連聲相勸，請不要嚇人，哈～，但是能見到她這樣完全不同於平時的狀態真是太好了。

我們在博物館逛了一圈，體會到前人生活的艱辛與時代的演變。以前這裡可不是設計感十足的都會，而是生存條件嚴酷的冰雪酷寒之地啊，光是移動都有可能出人命！

自由行的尾聲，來到了紀念品店前，我問神媽要不要進去看看，她一點興趣也沒有，因為……你知道的，長輩不習慣花錢。

「妳不看看有沒有什麼有在地特色的禮物，可以帶回去給姊姊們嗎？」我積極推坑。

她像是想起什麼，點了點頭，就自顧自地走進禮品店。哈哈，果然她還是把家人放在第一位。

我們陸續選了一些很有北歐氛圍的小禮物，像是厚厚的聖誕老人襪、明信片等。她掰著手指頭，一個個算：「大女兒、二女兒、三女兒……每個孩子都不能漏（結果就只漏了我！），可不能有誰拿少了。」

「這樣子會不會太少？」神媽看著我，擔心準備的禮物不夠。

「不會啦！大家拿到一定高興得要命！很久沒有像小時候一樣收到這麼可愛的東西了耶！而且又很有代表性。看到這些禮物表示妳在這麼遠的地方玩的時候還惦記著她們，這種心意最讚了！」我略帶浮誇地說著，但其實也是我的真心話。

到了櫃檯結帳，看著她拿出眼鏡，一樣一樣地清點要送給誰，認真的神情真是可愛。

其實我們都已經是中年人了，有誰真的需要禮物呢？只要媽媽能夠開開心心、健健康康的出門旅遊，對所有人來說，就已經是幸福了！當然，如果能收到她滿滿的心意，自然是更開心了。

雖然從小到大，神媽沒有送禮物給家人的習慣。但是，當我們每個孩子在成長過程中有了什麼小小的成就，或是進入新的人生里程碑，她總是偷偷塞紅包或是匯錢給我們，像是過年、結婚生小孩、孫子生日、演講、賽車、考上研究所……總之，她從不會錯過任何一個子女的人生重要歷程，這叫我們怎麼不愛她、尊敬她，進而向她學習呢？說真的，她是全天下最好的母親。

在挪威的夢幻小鎮，神媽和我度過了八天完美的旅程。我拍了一萬多張照片和一百一十G的影片，簡直快瘋了！雖然背著超重的大行李，行動不便，但換來的是瞬間凝結的永恆回憶，我甘願！

VERVET
VERVET
VERVET
VERVET
VERVET
VERVET
VERVET

Chapter

7

Set out for love.
the ultimate journey to the beloved.

為愛啟程——
非去不可的理由

當飛機在法蘭克福機場落地，我們跟在德國的二姊一家人相見的那一刻，姊姊馬上快步上前，張開雙臂擁抱了母親。

一場疫情讓這對母女三年沒見，實在是折磨人。相信二姊一定也知道神媽之所以願意踏出家門，來到一萬公里以外的國度，就是因為太想念她了，所以用最大的熱情迎接。

在德國的十幾天，我跟神媽主要目的，是探望住在海德堡（Heidelberg）的二姊，她每天都為我們準備不同口味的食物。有時候是德國特色菜，有時候是歐洲人愛吃的麵包，有時候則是顧及我們的胃做了一桌美味的台菜，偶爾還能任性地吃碗泡麵加蛋，真的是小確幸啊（在歐洲能夠常吃到亞洲食物真的是太開心了，相信你們一定都懂）。

二姊每天都會陪我們出去散步，探索老城、哲學之道、山坡、內卡河畔和附近小鎮；或是帶著我們一起到朋友家作客、去農莊用餐，甚至還到法國的邊境小鎮維桑堡（Wissembourg）一遊。

長大成人後，我們已經幾十年沒機會像這樣從早到晚在一起，相處起來跟小時候完全不一樣。隨著年歲增長，我們都意識到即使是親人，也各有自己的人生道路要走。二姊從小就活得很自我、很奔放，也很勇敢。她住在國外的時間很長，擁有豐富的人生經歷，是我十分佩服的。

即使白天平均走了一萬多步，在海德堡的每一天，我們還是捨不得早早上床休息。晚上用完餐，我跟神媽、二姊會坐在沙發上聊聊天，珍惜能夠相處的時間。有幾次我看神媽明明眼睛都閉起來了，還硬是睜開想要繼續聊，真可愛。

現在回想起來，這段時光極為難得，真的好溫暖、療癒。

不管晴天雨天，都是好日子

剛到海德堡的那一天正好下雪，我們都很開心，想著隔天會有被白雪覆蓋的美麗古城可以欣賞。但是……隔天一早天色陰沉，市區雖然有些積雪，天空中厚厚的雲層，讓整個能見度和光線不佳，有點可惜。

看我們興緻不減，二姊帶著我們去超美的老城，從制高點俯瞰整座城市的風景。

一路上，我們說說笑笑，一邊看風景，一邊聆聽她介紹這座城市的種種事蹟：「這條巷子夏天時特別熱鬧」、「那家旅店已經有幾百年歷史」、「這棟房子二樓的老婆婆很可愛……」聽她娓娓道來，整個城市都鮮活了起來。如果自己前來旅遊，或許很難知道這麼多當地人才知道的都市傳說和故事。

看著二姊介紹的時候，我突然跌入了時間的隧道，腦海中出現她當年穿學士服拍畢業照的模樣、剛結婚時的喜悅、陪爸媽一起去北海道玩、逛侯硐貓村的畫面……一切彷彿還是昨天的事，怎麼隔了四年，我們還要飛到德國才能見上一面，而我自己也是半個中年人了。

走了一陣子，來到了城市的高處。天氣還是一樣陰冷，不過我們並沒有因此受到影響，繼續開心地合照，欣賞四周的風景，心裡感到十分滿足。

就在這時，正拿著相機拍照的我感覺哪裡怪怪的。咦？畫面好像不太一樣了……

啊！是太陽！陽光竟然從超厚的雲層鑽出來了。當它照射在城市的任何一個角落，那些古老又典雅的建築物馬上閃爍著金黃的色澤，超級美麗。

雖然嘴裡碎念著：「剛剛拍了老半天，結果都白拍了。」但身體卻很誠實，嘴角藏不住笑意，趁著陽光把剛才拍的角度都再拍了一次，收穫滿滿！

後來在德國的日子連續很多天都是寒冷的陰雨天，而且雪融得超快，更顯得這天的陽光加上皚皚白雪是多麼珍貴，也讓這批作品成了我心中難得的完美版本！

在旅行中，我曾經遇到過無數次這樣的情況，往往一秒鐘的時間，就推翻了氣象報告原先的預測。面對大自然的瞬息萬變，特別能夠體會人生無常的道理。

我常覺得「**好事也許會慢來，但它一定會來；壞事一定會來到，但也一定會走**」，不妨抱持著隨遇而安的生活態度。當遇到運氣不佳或是低潮時，也願意坦然接受。但這不代表放棄，我還是會做好該有的準備，因為我知道好壞總是輪著來，沒有邏輯，也沒有規則可言。唯一不變的是，它們總會夾雜而來。

所以，運氣、狀況好的時候，我不狂喜、不自我膨脹、大手大腳；運氣不好、雜事纏身、諸事不順的時候，我也不求神拜佛，或是因氣

從市區眺望遠處的城堡

從高處俯瞰海德堡市區

白煙裊裊的天空搭配尖塔房，實在太美了！

餒而放棄，因急躁而亂下決定。這樣一來，心就緩了，內心波動小了，就平靜許多，更有餘裕去做自己喜歡的事情，消化那些迎面而來的煩惱。

人生的美好總有一天都會失去，失去不一定不好，生命本就是一場無法回頭的旅程。有「失去」才有「舊」可念，懂得什麼是真正珍貴的人事物，什麼事情可以瀟灑地一笑帶過。

走在百年歷史古城的石板路上，我心想，這也是為何人年紀愈大，愈愛古老傳統事物的原因吧？因為它需要時間的淬鍊和沉澱。不必費力去追逐容易流逝的快樂，羨慕別人的成功，因為內心的寧靜往往更長久。

那天我們隨著二姊一家人去了德國的曼海姆（Mannheim），這是座大學城。飯後大家在市區裡散步，我也邊走邊拍照，挺愜意的。

可愛的外甥拿起相機替我拍照

歷史悠久的老橋與陽光下的城堡相互輝映

這時候，我看到遠方一位騎自行車的男子朝我的方向行進。我正在拍攝他身後的古蹟大水塔（Wasserturm），所以他來得剛好，成了照片中的主角。

當他離我比較近時，我才發現，原來他一邊騎車一邊笑，露出打從心裡發出的開心笑容。路面的積雪和零下低溫並沒有影響到他的心情，他左顧右盼地看著四周建築與街燈、路邊的行人，好像一切在他眼中都是那麼有趣，甚至當他經過我身邊時，我還聽到他在輕快地哼著歌。

哈哈，我也不自覺地笑了。

原來笑容真的會傳染，我開始覺得能夠拍到他很幸運，是這天最有意義的事。接下來，不管看到家人還是街道、路上的小動物，我都覺得更可愛了。而這一切只不過是因為路人的笑容提醒了我，今天本來就是美好的一天，加上笑容之後，又更棒了。

沒事的時候，笑一個吧！

25

享受吧！慢活時光

這趟旅行到了德國之後，整個人突然身心徹底放鬆下來，因為凡事有二姊在就搞定了。之後每天都是全家一起行動，其中有一天我難得落單，沿著美麗的內卡河逛了十幾公里的路。

一路上，我戴著耳機聆聽手機播放的音樂，沉浸在自己的世界裡。看著陌生的異國巷弄，趁著四下無人，大聲唱起歌來，宏亮的歌聲跟唱軍歌沒兩樣。不久，一輛自行車從我後面經過，我仍大聲唱歌，有點害羞，索性繼續唱下去。

天色漸漸地暗了，正當我打算拍完眼前的小車站就收工回家時，發現路旁有位年輕女孩正注視著我。

她向我走過來：「請問你在拍什麼呢？我很好奇。」

我：「噢，我覺得這個小公車站很有味道，它背後還有一整片的美麗房屋和遠山，所以我想把它記錄下來。」

原來她是在這裡念書的大學生，很有藝術氣息，穿著配色也很好看。她現場看了我在IG的攝影作品，追蹤了我。

我們在路邊聊了起來，後來我還幫她拍了幾張人像照片作為紀念。

或許是因為彼此並不熟悉，一開始她有點放不開，但在我的搞笑指引之下，她居然笑了。

其實想要逗被拍攝者開心，絕招之一就是亂稱讚一通。我把平生會用的英文稱讚詞都誇張地用了一遍，“beautiful！‧fantastic! gorgeous! nice! cute! sweet! awesome! cool!”（已詞窮）。即使我的表情很搞笑，她還是表現得很好，果然青春正盛，怎麼拍都好看吶！

就這樣，我們留下了不在預期之中的回憶畫面，然後揮手道別。

旅行往往就是如此，總有一些意外之外的插曲發生。你永遠不知道，會在下一個轉角與誰邂逅。

放慢節奏的深度旅行更有滋味

那天我跟神媽在海德堡散步，無意中逛到一家店。裡面有幅描繪十七世紀這座古鎮的畫，一看之下，大吃一驚。畫中的民房、老橋、城堡大致上都跟現在的一樣，只有河川上的船隻不一樣，還有路上沒有汽車行駛，以及城堡側面沒被法國人的大砲損毀。

也就是說，幾百年前的古人看到的房子、走過的街道小巷，跟現在看到的幾乎一模一樣。這讓我有種穿越時空的感覺，腦海中滿是這裡古代的畫面。頓時間，你會發現，不管是四十歲還是七十歲，在歷史的長河之下都還只是個小孩子而已，年輕得很。

這就是我喜歡看古物古景的原因，閉上眼睛，彷彿看到一個個穿著古代服飾的人們正趕往市集，駕著最新款馬車的富人睥睨一切，壯盛的軍容在城堡裡集結，年輕的公主偷偷跑到鎮上找鐵匠的兒子……光是想像就覺得有趣。

海德堡是德國旅行團常會安排的一日遊行程，住一晚就走的遊客占大多數。如果有時間的話，建議四處走走看看，會別有另一番滋味。我和神媽利用兩週的時間，用雙腳慢慢體會海德堡的城市風光，真的好精采。

二十年前，當我剛開始進入社會時，因為工作還不穩定，難得出國一趟，都是四、五天的密集行程。旅途中走馬看花，從早到晚，塞滿了景點。當時心想，不能在有限時間內多看幾個景點，真的很不划算啊。後來只要情況允許，我都會盡量拉長旅行的天數，讓自己沒有任何時間壓力，用很慢很慢的步調四處遊走、閒逛，細細品味每座城市的獨特風情。

不管是搭公車或走進當地市場、特色小店、公共設施，去體驗在地人各行各業的生活和文化差異，都很有樂趣。若是對某條巷弄感到好奇，我便一頭鑽進去探索，並且細細觀賞路邊的一扇門、房屋的配色、建築雕飾，或是路邊的小動物，都很有意思。

從空中俯瞰才知道特別的村落，在寒冬中有股靜謐的美。

當節奏慢下來，感受真的不一樣。

在德國的山上，我曾用空拍機意外地發現了一座景觀特別的雪村。你能想像置身在童話世界的感覺嗎？我覺得這裡就是了。

當然，不管異國的環境看起來多麼美好，每個人的生活都有優缺點，但是有機會出來看看外面的世界，真的是太棒了。在旅行中，接觸新的人事物往往能夠激發我們的生活靈感，替心靈注入活水。

如果沒有跨出那一步，我們很容易就認定「生活就是這樣」、「我就是這樣的人」。就像以前我曾經有很長的一段時間認為人生就該蓋章式的趕進度才是幸福，像是擁有一份別人認為體面的工作、交女朋友、買車、買房、結婚、生孩子、生活穩定……這些不一定不好，只是並非全部按時具備才是追求幸福的唯一方式，每個人都可以去看看更多不一樣的人事物，勇敢的去做自己想做的事情，拓展生活圈。

生活中不乏遺憾和煩心事，當我們主動一點、積極一點，就能發現更多的美好。

Chapter

8

A dream trip to Switzerland.

像 夢 一 般 的 瑞 士 之 旅

說到瑞士，那又是另一個驚奇的故事了。

當我們在北歐旅行時，我的網路自媒體每天仍然照常運作，我會找時間拍照、挑圖、修圖、寫文分享。而就在某一天，我收到了一則訊息。

有位在瑞士經營民宿的大姊姊說她一直有在關注我們一家人的臉書分享內容，既然我們都到歐洲了，要不要去瑞士她的民宿玩一玩呢？

在這之前，我完全沒有想過會有機會走那麼遠。從原本八天的行程變成了二十幾天，難道還要再增加到三十幾天嗎？在確認了母親的意願和機票改期的可能性之後，我決定帶著神媽再往世界前進一步。

就這樣，我們在結束德國的美好時光之後，又南下到了瑞士民宿（請搜尋：jenny's home swiss bnb- 瑞士民宿四隻小豬的家 +小甜妞公主），與女主人 Jenny 終於見到面，她也是臺灣人，居住在瑞士已有十幾年的時間。

到達瑞士溫特圖爾（Winterthur）的第一天已經是下午，這是座離蘇黎世不遠的城市。雖然旅途十分疲勞，但我們仍決定去市區逛一逛，在老城區散散步。走走拍拍了兩小時後，肚子實在是餓了，突然很想念熟悉的家鄉味，就找了一家路邊的中餐廳吃飯。

老闆很親切，我們點了兩菜一湯、兩碗飯和一杯珍珠奶茶，包括一般 size 的綠咖喱和麻婆豆腐、冬陰功辣湯。味道不錯，口味也滿道地的，就是比較鹹（聽說是歐洲的亞洲餐特色，我在挪威吃的也是如此）。不過，能在歐洲吃到亞洲菜挺滿足的。

猜猜看，這道餐價位是多少呢？答案是折合台幣約兩千八百元。瑞士的物價很高，畢竟瑞士人的收入也高，這道昂貴的中餐就當作是旅遊的體驗吧！

一場美麗的誤會

幾年前，我在網路上無意間看到了一張標明是瑞士下貝赫（Unterbäch）的圖片，圖中有個巨大的瀑布就在小鎮正後方，美得令人無法屏息，於是我把它存在Google map，心想著將來有一天，一定要親眼去看看。

到達瑞士的第二天，我們踏上心心念念的旅程。繞了好遠的路，轉了好多車，越過好多山頭花了四個小時左右的時間，又是火車又是纜車又是換車，費盡千辛萬苦，終於來到下貝赫，才發現網路地圖上的照片一點都不像這裡……

起初，我老神在在地說：「這裡很漂亮耶！媽，你看，那邊是滑雪場，這邊是懸崖，瀑布應該就在不遠處了吧？」就這樣走了十幾分鐘，我還詢問了纜車的工作人員，他也不知道瀑布在哪裡，怎麼會這樣子？我愈走愈心虛……

「啊～我說，那個大瀑布呢？」我在心裡問了自己一百次。但真不愧是中年油膩男，在我媽面前，我仍然裝得一副老神在在的樣子。

我們逛了半天都沒有遇到半個路人，過了一會，我終於找到一對當地牧羊人父子詢問。他跟我們說那張圖片裡的地方絕對不是下貝赫，這下慘了！莫名其妙來到一個路途超遠、根本不知道是哪裡的小鎮……

原來是網路上有人標示錯誤，以訛傳訛，而我也跟著跑錯地方……這可真是天大的誤會啊。後來查證得知，原本想去的夢幻瀑布村莊是Oltschibachfall，下次大家若去瑞士，不妨代替我去看看。

既來之則安之，靜下心來之後，我們決定在這座必須坐纜車翻山越嶺才能抵達的高山小鎮悠閒地散步。結果發現四周景色相當美麗，這激起了我跟神媽忍不住想為對方拍下照片留念的念頭，玩得不亦樂乎。

隨著空拍機起飛，我還看到下貝赫旁邊有個小鎮艾紹爾（Eischoll）

在瑞士即使走錯路，依然能夠遇見美麗的風景

就蓋在高地上，背後是綿延不斷的雪山峰線，可以看到小鎮懸崖下方的田野和其他聚落，場面十分壯麗，令人感動。

如果是我一個人，費了好大力氣來到這裡，才發現地方不對，肯定會有一點沮喪。但身邊有神媽一起探險，那種感覺又不一樣了！我們一路上說說笑笑，偶爾停下來拍拍美照，反而成為一段難忘的回憶。

如果是時間有限的旅行，一旦行程發生意外 delay 或是取消，大家心裡通常都不太好受，挫折感也油然而生。但是這次我安排得非常彈性，心態上也很自由、放鬆，完全沒有趕進度的焦慮。我覺得旅行本就應該如此，坦然接受一路上種種意想不到的狀況，隨遇而安。

此外，旅行中不要走馬看花，像是蓋章式地緊湊的玩。細細體會非預期之中的事物，更加有趣。

不過，能夠這樣想的旅伴並不多。幸好，神媽是一個很能自得其

懸崖邊的小鎮艾紹爾（Eischoll）

樂、隨遇而安的好夥伴，否則害人家專程跑來那麼遠的地方，結果跑錯，很容易吵起來，或是不歡而散。

說起瑞士旅遊，那就不能不提到兩大知名景點，一個是少女峰，一個是馬特洪峰，非常受到遊客歡迎，而我們這次主要的目的就是好好欣賞少女峰山區的旖旎風光（隔了一年半之後的第二趟旅行終於把馬特洪峰也探訪了）。

這天，我們從超美的格林德瓦 Grindelwald 出發，乘坐著有一百多年歷史的少女峰雪山鐵路，目的地是上到少女峰站，再步行去看峰頂風光。

位於瑞士的阿爾卑斯山區少女峰站（Jungfraujoch），是歐洲最高的火車站，高度有四千多公尺，必須經過高山火車和纜車才能到達，纜車費也不便宜（印象中套票約台幣七千元，想要折扣的話可另買 Swiss travel pass 等其他行程的優惠票，又是另一筆支出）。

上了纜車後，我出現了一點高山症症狀，就像坐飛機那樣。頭部因為缺氧有一點疼痛，但比起幾年前我去青藏高原登五千公尺高的高原時的情況好太多了！那次我感到非常痛苦，還好有事先準備好的氧氣瓶，吸了一陣子後才緩解下來。這一次登少女峰，我則是沒有使用藥物和氧氣瓶就自然恢復。

相較於我，神媽顯得生龍活虎，一點高山症狀都沒有，玩得可盡興了。聽說年紀愈輕、運動量愈大的人，反而容易出現高山症狀，但這也只是民間傳說，聽聽就好。其實若是只上山幾個小時就下去，並不需要太擔心，這邊的觀光設施行之有年，有非常多的遊客前來朝聖，很值得上來一看。

沿路盡是雪白，剛剛還身在其中的格林德瓦村莊，隨著纜車高度變化，已經變成了一個個指頭大的玩具屋。我們隨著火車行駛愈升愈高，難以想像當年這樣的鐵路是如何建造。附帶一提，少女峰的高山鐵路跟臺灣阿里山的森林鐵道開通營運的年紀非常接近，前者是一九一四年，後者為一九一二年喔！

鐵路到達三千四百五十四公尺的少女峰鞍部站後，就可以開始步行，近距離欣賞阿萊奇冰河、僧侶峰、少女峰。當地流傳著一個小故事，有座僧侶峰橫亙在少女峰與艾格峰之間，讓他們無法相戀。聽了這個故事後再看看這三座山頭的相對位置，別有一番體會。

我與神媽站在高處，盡情地飽覽難得的阿爾卑斯山空曠視野。但我們並沒有時時刻刻都黏在一起，有時她看她的峰景，我望我的冰河；有時我們跟飄揚在少女峰的瑞士國旗合影，或是一起吃碗店家販賣的辛拉麵，我們各自沉浸在夢幻的美景裡，又能互相分享心中的感受。

能夠跟自己的媽媽享受這種世界級的朝聖之旅，成為彼此的神隊友，真是太幸運了。

在阿爾卑斯山的山谷中，少女峰的附近，有個極致夢幻的小

上 / 歐洲最高的火車站紀念冰碑
下 / 少女峰上的瑞士國旗

鎮——瀑布鎮勞特布龍嫩（Lauterbrunnen），一進小鎮就能看到令人無法移開視線的七十二道瀑布，從三百公尺高的懸崖飛瀉下來，而且沿著小鎮漫步，還能走到正下方仰望，或是在小鎮中找到各種角度來欣賞它與建築融合之美。

V型山谷是通往另一個小鎮的道路，我跟神媽在這個具有魔力的山谷裡難以自拔地走了一個多小時，直到即將天黑才返回，實在太美了！

一路上，往左邊可以看到險峻的山壁與存在萬億年的山洞，往右邊可以看到白雪覆蓋的草原上，待在木造房屋裡的牛羊群。正前方則是群山綿延不絕的大道，每走幾分鐘，眼前的風景就又截然不同。這天是白雪金光限量版，據說夏天時綠草如茵，又是另一番景象。

我們一邊聊天，一邊欣賞四周的綺麗風光，過程中周圍沒有任何人打擾，只有偶爾經過的旅客相視一笑，點頭後擦肩離去，各自享受著眼前天然的夢幻美景，我特別喜歡這邊的遊客，大家總是面帶微

宛如仙境的瀑布鎮

巧遇火車上山

笑，能來到這麼美好的地方，相信每個人心情都是美好的，態度自然也就更友善。

這是我跟神媽在這趟旅行中不約而同最愛的地方，它幾乎擁有所有童話元素。教堂、河流、高聳的峭壁、如絲絹的垂墜瀑布、美麗的建築、牧場、鐵道、拱橋，如詩如畫，宛如人間仙境。而我們也在這邊暗暗許下心願，一定要再度造訪夏天版的瀑布鎮，最後在隔年的夏天果真實現。

此外，附近還有地下巨型瀑布群 Trümmelbach，很值得一看。不論是不是夏天，記得要帶外套前往，因為這個冰川瀑布內部又冷又濕。交通上只需在瀑布鎮搭公車幾站就能到，把瀑布鎮和地下瀑布都看完之後，可以再往上方的溫根（Wengen）或是米倫（Mürren）兩個小鎮繼續遊玩喔！

在瑞士停留期間，除了一般的觀光行程之外，我們還體驗到很多當

地人的風俗文化，對原本習以為常的生活，有了不同的看法和角度。這些新鮮事物都曾在網路或新聞中「聽過」、「看過」，但比不上自己親身去體驗。

分享一道我跟神媽印象很深又愛吃的瑞士菜，就是瑞士國民料理起司鍋。這是民宿女主人 Jenny 特別為我們準備的，濃濃的起司盛滿一鍋，超香啊。

由於起司溫度太高會燒焦，它無法煮熟東西，所以需要先把食材煮熟後再蘸著起司吃，風味非常特別。我們用叉子叉起各種食材，水果、麵包、香腸、馬鈴薯、肉……然後伸進起司鍋裡沾一些起司放入嘴裡，天啊！濃郁的奶香也太好吃了吧！不管是搭配鹹的、酸的、甜的食材都變成了另一種風味，好讚！如果再加上辣味或原味的醃酸黃瓜，辣脆酸甜揉合奶香，更有味。

在瑞士少女峰山區遊玩時，眼見他人享受著滑雪、玩雪橇的樂趣，內心也蠢蠢欲動了起來。因為我們兩個都不會滑雪，加上顧慮神媽的安全，看來只能空手入寶山而過，真的很可惜，這可是世界最美的滑雪區之一啊！

一連錯過了幾天的雪地活動後，心中開始覺得遺憾。我想到如果完全沒有讓神媽體驗到任何雪上活動，實在也太可惜了。所以我決定

她去觀景台拍照的時候，假意去廁所，再租了雪橇椅回來。

神媽大吃一驚：「你去哪裡拿了這個？」

我：「我們來玩吧！」

神媽：「真的可以嗎？」

我：「放心！在這裡玩這個很安全！」

我問過工作人員哪邊是最簡單的軌道，看起來滿平緩又很短，所以就放心地自己先示範給神媽看，然後才讓她試。雪撬椅真的沒有那麼危險，不過前提是要選擇非常和緩的坡道，而且速度要放慢一點。

坐上雪撬椅，拉好繩子，像隻小鴨子般的雙腳往前划，雪撬椅便開始往前滑行。雖稱不上乘風破浪，但那種自由自在的滑順感真是有趣！好像回到小時候溜滑梯一樣，只是背景變成超美的雪山，好好玩！

後來我們各自練習了幾次，我也和神媽一起玩了幾遍，有時候她掌舵，有時候換我。雖然常常滑得歪七扭八，衝到路邊被迫停下，或

在冰天雪地中吃碗熱騰騰的泡麵，身體和心都是暖呼呼的

是神媽因為害怕就提前煞車變成路霸，但我們像是退化成孩童一樣，發自內心感到興奮，玩得超開心，還笑得合不攏嘴！現在回想起來，超慶幸自己有小小任性了一下，才能跟我媽一起體會到在雪地活動的刺激與感動，還以照片和影片留下了最美的回憶。

在旅行中，長輩的安全當然是首要任務，但是如果能在考量安全的前提下去體驗不同的新事物，肯定還是會讓他們感到窩心。不過，還是記得要尊重他們的身心狀況和意願，不要硬是做安排，那就本末倒置了。不僅可能傷感情，甚至造成危險喔！

在交通工具上也能獲得好作品

陡峭的阿爾卑斯山脈，中間夾著高低落差很大的峽谷，谷中座落著錯落有致的村落，充滿悠閒的氛圍。

我們從瑞士的阿爾卑斯山山頂搭火車一路玩下山，當火車快要抵達逛過的瀑布鎮時，我開始有點緊張起來。因為等下火車穿越瀑布鎮的時間，會有一個我想像中絕美的畫面出現，但是估計只有兩秒鐘的石間，火車就會疾駛而過了。

所以我準備好相機，先裝上特定的鏡頭與消除車窗玻璃反光的濾鏡，再把設定中的快門調快成高速連拍，才有機會在晃動的火車經過時，以特定角度拍下瞬間的照片。

但是，只要設定、操作、角度、時機出任何問題、被桿子遮住了景，或是玻璃過度反光，那就注定失敗啦！我可沒有為了這個稍縱即逝畫面再重來一次的機會，眼看著心動的時刻即將到來，還真的有點緊張。

時間差不多了，在即將到達拍攝時機的那一刻，我把眼睛睜得大大的，用早已設定好的對焦點，對準那一瞬間出現的畫面，「啪啪啪啪啪」地給它用力連拍下去。

在關鍵的一瞬間按下快門，捕捉另個視角的瀑布鎮

呼！一瞬間連拍了十張，如我預想的只有一兩張能用，其他的都失敗了。但總算是完成了理想中的畫面，剛好還有兩位路人當主角，太完美了！

可惜當時陽光的角度比較刺眼，導致光線在鏡頭裡太有存在感了。但是沒差，好玩嘛！況且這可是專屬於我、獨一無二的紀念品。

火車上偶遇的女孩

在瑞士旅行時，我們搭火車一坐往往就是七、八個小時，曾經換車了七次以上，但是卻甘之如飴。因為對我們來說，搭火車的過程也是「玩」。

我們有個習慣，就是隔著走道，一人各坐一邊，可以分享不同的風景和感受。

「欸！媽！妳快看我這，有牛！」

「哇哇哇！阿賢，他們的河怎麼那麼藍啊！」
「我這邊靠原野，而且有光，妳趕快來我這拍吧！」
就這樣，我們互報明牌，玩得不亦樂乎。
因為大多時候是平日出遊，座位很多，比較不用擔心會影響到別人。
那天在火車上，本來四周座位空曠，後來很多準備上山滑雪的人們陸陸續續上車，於是我們開始跟陌生人一起併坐。
不管再長的車程，除非累倒或或窗戶起霧看不到風景，不然我是一秒都不會睡的。我很享受看風景和拍照的過程，拿著兩公斤重的相機隨時待命。
有個年輕的女孩上車，坐在我對面，她把滑雪設備放在座位上，身上穿著亮眼的滑雪服。途中我們幾乎沒有對到眼，但她應該有注意到我拿著相機，像個觀光客般對著窗外景色不時就發出驚嘆的聲音。
突然，外面的景色「咻」的一變，看到連綿的險峻雪山就算了，

眼前的湖光山色，令人陶醉

灑落在空氣中的光我也忍住了，但是……竟然還出現了超仙的湖！湖邊小屋與湖光山色互相輝映，這下子讓我實在無法忍耐了！

於是我跟這位坐在靠窗的女孩說，能不能坐在她旁邊拍照，我現在坐的位置讓她放滑雪板。沒想到，她不但欣然同意，甚至還跟我說：「你來坐窗邊吧！那邊才能更方便拍照。」

她竟然要把靠窗位子讓給我。

我說：「那怎麼可以！妳也會想看這麼美的風景啊！這是屬於妳的權利。」

她：「不不不，我看過好多次了，你坐吧！」

來回推讓幾次後，生怕錯過眼前的景色，我還是接受了她的好意。接下來便得以坐在窗邊，盡情拍下攝人的美景。

後來我們聊起天，得知她二十歲，來自南非，已經住在瑞士五年，男友在日本讀書。

她問我臺灣美嗎？

接受陌生人的好意，換來一幅動人的無敵美景

我說：「當然美！跟這裡很不一樣，食物也超讚。」
她：「那我要去看看！」
我：「勸妳不要吧。」
她：「蛤？為什麼？」
我：「因為我怕妳去了就不想走了。」
她聽了大笑不止。
「沒有啦，非常歡迎妳來走走。」
之後她又要我推薦幾個臺灣的旅遊景點給她，我當然樂意之至。
感謝這位好心的女孩，沒有她，就沒有那些美圖。
如果看到那樣的美景，有能力拍下卻沒機會捕捉畫面，對喜愛攝影的人來說肯定是有點遺憾的。
在旅行中我學習到，如果可以的話，盡可能對他人和善一點吧。當然，不是沒底線的付出，也不要忘了保護自己，更不用對無禮的人客氣。

為了避險，在旅途中我們多少會和陌生人保持一點距離，可卻總是能遇到釋出善意的陌生人；也因為受到溫暖的對待，才會願意把這樣的正能量傳播下去。

敬每一位溫柔且善待他人的旅人。

驚喜不斷的天空之城

到了瑞士，我跟神媽的視線全被各種極致美好的景色給占滿，除了壯麗的阿爾卑斯山、全歐洲最高的雪山鐵路少女峰站之外，我們還造訪了湖水是碧綠色的藍湖、琉森等地。

在瑞士的最後幾天，民宿女主人 Jenny 帶我們到別的城市逛逛。這一天，我們來到琉森（Luzern），圍繞著這座城市散步。時間一下子就流逝，不知不覺中，天都黑了……

當我們走回停車場的路上，再次經過十四世紀的卡貝爾橋，這時

天空簡直美到像在呼喚我。我知道大家都想回家了，也許不想要停下來拍照，因此我轉頭表示歉意：「可以讓我過馬路拍一下照嗎？三分鐘就好，這個天空真的無敵，實在好想過去拍兩張啊……」

Jenny一家人超級善解人意，她立馬也拿起手機，和我一起過馬路拍個過癮。過了幾分鐘，我們都拍下了完美的夕陽，加上剛點燈的橋，留下令人回味無窮的畫面，你看是不是很美？

有一天，民宿老闆專程開車大老遠地載我們去藍湖自然公園欣賞碧綠色的藍湖（Blausee），這座湖的顏色超美，湖裡全是鱒魚，靠人很近也不一定會躲，生態特別天然又純淨，使人一踏進湖區便沉醉其中。

藍湖位於自然公園的中部位置，由於發源於地下溫泉，泉色如水晶般潔淨通透，湖的成因是岩石滑落。若是定睛一看，湖裡竟有一面朝上的女性雕像，她從湖裡仰望著天空，似乎期待著什麼。

原來啊，藍湖有個淒美的愛情故事，據說有位藍眼女孩在數百年前等不到她的愛人，鎮日以淚洗面，最終香消玉殞。這份至死不渝的愛情亙古不變，才形成了這座美麗碧藍的湖。傳說嘛，不要太認真，不過，這倒是讓我想起之前去青藏高原時聽過一個很類似的故事。

當年唐朝的文成公主要下嫁吐蕃時，在青海哭成了淚人兒，最後她的眼淚匯聚成青海湖。這同樣是個淒美的神話，不過聽完這段悲慘的故事，多少會對景點多一些感觸吧。

名不虛傳的藍湖

清澈的湖水裡，鱒魚悠游其中

沒想到在瑞士也能再見

當我們離開德國二姊家的時候，神媽有點捨不得跟女兒分開。畢竟這兩週來她跟女兒整天形影不離，兩人四處遊逛、談天說地的生活實在太美好。

於是，當我們在瑞士玩了一週左右之後，我跟二姊串通好，要給媽媽一個驚喜。那就是二姊一家人決定從德國來找我們，一起在瑞士玩兩天。

這天，我裝作不知道二姊全家要從德國開車下來，假裝好心地勸神媽：「今晚玩得很累，不要煮飯了（因為我知道姊姊要帶吃的東西來）。」接著裝作要出去拍照，走出民宿，替二姊帶路。

我跟二姊商量好，等一下由我先回到屋子裡裝忙，五分鐘後再由她敲門，想辦法讓媽媽去開門。

計畫開始！

上 / 布里恩茨湖畔，與火車意外相遇
下 / 布里恩茨湖的美麗倒影

首先，順利接完二姊後，我趕緊回到民宿，把窗簾拉上，然後在離門比較遠的位置上坐著（至少要比我媽遠），並告訴她，等下我要處理自媒體的工作。

神媽媽點了點頭，也坐在沙發上休息，接下來就只要等二姊來敲門了。不知是不是因為心虛，怎麼覺得這五分鐘好久……

「叩叩叩！」敲門聲終於響起。

「咦，怎麼會有人來敲門？」「這是民宿耶，會是誰？」神媽疑惑地說。

「對啊，怎麼會有人？」我還在一旁附和。

「幫我去看一下好嗎？我剛好有點忙，歹勢～」我無情的把責任推給她。

她起身緩緩地朝門走去，感覺連背影都看的出來疑惑，然後，拉開了窗簾……

「哇啊！怎麼是你！啊啊啊啊啊，怎麼會?!」神媽驚喜的聲音，比平常高了八度。

開門迎接二姊後，她與姊姊一家人擁抱，看得出來真的很開心，原本以為又要好長一段間才能相見呢！

「你！你又騙我！」我媽轉身指向我，卻掩飾不住滿臉的笑意，眼睛都要笑到看不見了。

我跟二姊說起過程中是怎麼裡應外合、遇上了什麼小意外之類的細節。大家嘻嘻哈哈的閒話家常，滿室的溫馨不在話下。

在遙遠的瑞士有這樣的驚喜回憶，實在是太幸福了，相信神媽一輩子都不會忘記吧。

接下來幾天，二姊夫載著我們繞布里恩茨湖（Lake Brienz）一圈，只要沿路看到什麼有意思的景色，就隨時停下車來散散步、拍拍照。

這是我個人最喜歡的旅遊方式——只訂一個大方向（遊湖），其他的行程都是邊玩邊決定，不用限制太多，往往令人驚喜連連。

在我的手機裡存有一張我很喜歡的布里恩茨湖畔的火車照，照片

來源就是這一天我們在山坡上看到了幾隻羊。

蛤？沒錯，當我們遊湖時突然看到山坡上有幾隻羊，此時車子已經行駛過去，我們在車上討論了一下，發現大家都想去看羊，所以就決定在更遠的地方掉車回頭。結果羊群懶洋洋地睡著覺，我們拍了幾張照，不是很滿意，就一邊散步一邊聊天，準備再度上車，繼續遊湖。沒想到這時遠方傳來騷動聲，我定睛一看，「是火車！」

距離火車駛來大概還有十秒的時間，我趕緊舉起相機，快速地思考了一下構圖，並快步衝刺到最適合的位置。當我剛到定位點，火車也抵達了最重要的位置，「喀嚓」一聲按下快門，捕捉到珍貴的畫面了！有時候出去玩真的就是靠緣分。如果不是因為回頭看山坡上的羊，或許也不會幸運地遇到火車。

我一直都很佩服那些詳細規劃行程、按表操課的旅人，其實不做規劃也別有一番樂趣。把旅行計畫排得輕鬆一點，用心觀察四周的人事物，也許會邂逅意想不到的風景！

上 / 人生首次驚喜雪橇椅，玩瘋啦！
下 / 在綿延不絕的雪山下，人顯得格外渺小

夜幕低垂，只剩下我們與寂靜共處

伊瑟爾特爾德絕美一景

充滿童心的神媽與漫天飛舞的海鷗

Chapter

9

Conspiracy of love——
a surprise trip to Italy for morn.

裡應外合，
把母親騙到義大利

旅程即將近入尾聲時，我臨時起意，決定帶神媽從瑞士坐火車去義大利米蘭遊玩。

為了給她一個驚喜，出發前一天，我跟二姊商量好，假裝要帶神媽去萊茵河瀑布玩。

計畫就此展開，一路上意外不斷，還好都一一解決了。當我們真的身在米蘭車站時，我才告訴神媽媽，我們已經來到人生中第一次踏上的義大利了。我平常愛開玩笑，所以神媽聽到還半信半疑，看來我真的是「放羊的中年人」啊！

好不容易把神媽媽騙到米蘭，當然要去參觀最負盛名的米蘭大教堂，結果臨時遇到了突發狀況。

由於義大利驚喜之行是前一晚凌晨才準備好的，所以很多資訊來不及查詢。我平時就都會把所有攝影器材放在背包，因為很難預測什麼時候會用到。結果進入教堂時，保全告訴我，背包裡有空拍機不能進去，此時我才想到自己疏忽了，真是糟糕！

我跟保全求情說自己不會使用，可以寄放在他們那裡、或拆掉電池請他們保管……都沒有用（但我完全理解他們的立場）。我問附近有沒有寄放行李的地方，他們都說不知道。

後來我跑去地鐵站求助，地鐵站的工作人員說附近沒有行李寄放點；我跑去問附近的攤販，能不能付費寄放空拍機在他們那邊，也被一口拒絕了。我又跑去問帥氣的警察，警察也說不知道，還好心建議我跟教堂保全說，保證不會使用，或許就可以進去。

哈哈，這招我已經試過了，行不通。

後來我只好回頭找教堂的保全人員求助，請教他們有什麼地方可以寄放行李。其中有位小哥的態度超好，他超有耐心地陪我一起想辦法，從搜尋 Google 關鍵字到幫我跟同事說情，而且他還不止一次跟我說：「不要擔心，我一定會盡全力幫你的。」

天啊，也太暖心了！對一個千里迢迢帶著母親來朝聖的外國人來說，真是感動。

我明白規定就是規定，所以完全支持他們嚴格執行，不過能得到這樣的善待真的很意外，太加分了。

後來保全小哥說要打電話給他老闆，然後他還真的打了。接下來他問到附近一間認識的酒吧有寄放行李的服務，終於解決了我的窘境，得以進去參觀宏偉的教堂，而不是只能選擇放棄。

這位充滿同理心的保全小哥令我對義大利之旅留下深刻的印象。他讓我知道，這世界上有很多人是抱持熱情和使命感，站在自己的工作崗位上。我能深刻感受到他對旅人的真誠，不願輕易讓人失望的善念，真的是太難得了。

旅行的最終

從米蘭準備回瑞士的路上，整趟世界旅程差不多要來到終點了，但我的心裡有點掙扎，一方面是這三十幾天的旅行非常消耗體力，讓我有一點想家，照理說是該回家了；但是，另一方面又覺得可以跟神媽一起看世界，實在很難得。在外面旅行的每一天，對我們來說都是那麼新鮮又珍貴，真的要結束了嗎？

如果以消費層面來看，下次就算再來，可得再花一趟歐洲的來回機票錢；如果以勞累程度來看，下次又要再飛十幾個小時的旅程才能抵達。

考量到神媽節儉的個性，我完全不敢想像會有下一趟跨國之旅，因此我一直是以「一生一次」的心情規劃著（當時並不知道隔了一年半會有第二次歐洲行，真是萬幸。）

如果考量到時間，以後我跟神媽還能夠排開所有事情，出來玩那麼久嗎？

我絕對是想回家的，但也真心想再陪伴神媽多走走。跟讓她開心相比，那一點點身體疲累真的算不上什麼，反正回國後多的是時間休息。

猶豫的念頭在心中徘徊，後來我想通了，神媽的感受也很重要，我應該要好好跟她談一談才是。

於是到了米蘭，我們找了個公園，點了一份小比薩和飲料坐下來。我跟神媽說出了心中的考量，盡全力讓自己的表達不偏向任何一個決定，因為我不想給她壓力。畢竟帶她出來旅行的目的，就是要讓她開心。

聽完我從各種角度的分析，神媽誠懇地說：「這段時間真的玩得超開心，從不知道能夠出來看這麼多想都沒想過的地方。我其實也想再玩，但是確實有點累了，而且後面的事情剛約好，也不太方便更改，我知道你的心意了，謝謝你囉，我們就回家吧。」

聽完，我再沒有任何猶豫，放下了心中的顧慮，也不再感到不捨。可以肯定是時候回家了，擁有這三十幾天的體驗和回憶，已經是世上最珍貴的無價之寶，多一分不多，少一分不減。旅程中，我們兩個互相照應，一起享受美好，一起解決問題，一起被新鮮事物震撼，

美輪美奐的教堂樓頂

一起說出心聲，真的很滿足了。

就這樣，我們踏上了歸途，結束了這趟長達三十八天的壯遊，準備回到溫暖熟悉的家。

Chapter

10

Travel changes our lives.

旅行，
改變了我們的人生

在我的心目中，神媽是個很溫柔的人，但私底下也有堅毅剛強的一面。事實上，如果她不堅強，就沒有辦法在面對暴風般的經濟危機下，一個人扛起這個家。

我們家開貨運行，當年發生了泰國水患、客戶貨櫃遭竊、拖車壞掉等一連串事件，重創家中的經濟。但她並沒有被現實給擊倒，還是咬緊牙關撐了幾十年，把我們幾個孩子扶養長大。

這樣外柔內剛的個性，我在旅程中也深刻體會到。

有一天我們去瑞士少女峰山區的菲斯特（First）雪山遊玩。在纜車上飽覽風景後來到山頂，不打算滑雪的我們決定徒步旅行，這時候我發現旁邊有一個懸崖天空步道（First Cliff Walk）。

那條步道不長，十分鐘左右可以走完。它是環繞著山體而建，而且是懸空在山之外，腳下透過網格可以看到萬丈深淵，還挺嚇人的。

上 / 神媽勇敢向懼高症挑戰
下 / 隔了一年半，夏天時我們再度回到懸崖天空步道

我雖然有一點點懼高症，但手上拿著穩定器，架著單眼相機拍攝步道，根本沒時間往下看，就沒那麼恐怖了。

我：「這個步道有點恐怖，它是懸空的耶。」

神媽：「我有懼高症……」

我：「蛤？我竟然不知道！那我們別走了吧？」

神媽思考了一會：「我……我走走看好了，不要一直看下面應該就還好，我想試試看。」

我又囉嗦了一句：「算了，不要勉強吧！」

神媽：「走！都來了，我試試看！」

於是，我們真的踏上了那條懸空的網格步道。沿途風景固然壯麗，但只要往腳下或是側邊護欄外看，就會覺得整個人毛毛的，有點不對勁。

步道不長，但也要走個近十分鐘，神媽真的把它走完了，而且都

行走時令人頭皮發麻的懸崖步道

沒有停下來過，或是嚇得不敢動。我們興奮地在步道終點拍照，周圍有人在玩飛行傘穿來穿去，一時之間，真的好有成就感！

又比如說我們在瑞士玩時，討論到這次旅行對彼此的影響是什麼？

我試著放下中年男人的矜持，勇敢地表達：「我覺得能夠跟妳一起出來，像這樣生活，真的太幸福了！好像作夢一樣！平常我偶爾從上海回來，雖然距離很近，但是我們一起出國看看新的世界，真的不一樣。有很多新鮮的事物和異國文化等著我們一起見證，當下又能馬上分享，我超開心的！」

生活不是戲劇，要對最親的人說出心裡話並不容易，尤其對一個已屆不惑之年的男人來說。當平時主持職業電競節目靠嘴吃飯的我，真的要說出內心話時，卻說得坑坑巴巴……事後慶幸有錄下來，因為回頭看，才知道這段回憶有多麼珍貴。

上 / 不正經的 007 探員
下 / 被我逗笑的 007 探員

語畢，神媽的反應意外地淡然，可能是東方人的內斂和害羞吧。

她停頓了一下，才說：「真的超級開心！從來不知道自己能出現在這些以前從新聞裡看到的地名裡面。要不是實際出來看一看，我都不知道過去的印象不夠真實。能跟你出來這一趟，又跟你二姊生活了一陣子，真的太完美了！之後回臺灣，有機會的話，我也許可以試試看去學英文。

「我們這趟路上遇到的那些充滿活力、完全不認老的白髮同齡遊客，也讓我有了一些新的體會。真希望我的弟弟、妹妹，你阿姨和舅舅，也能來體驗看看這麼美好的事物。還有還有，這一趟旅行也讓我更喜歡上了拍照，真的很好玩。以前從來都不知道拍照有這麼多的方法和樂趣，真謝謝你。」

我就知道，這位女士永遠都不會滿足於現狀，不然她也不會在工作忙到快爆炸、身心疲累不堪的狀態下，還堅持去念國中補校，甚至一路念到空大畢業！

當一個人學習自己想學的事情，其實是很快樂的事。也許一年半載不會有什麼明顯的成果，但是時間久了之後，肯定會有一定的累積。以前神媽沒有機會接觸到說英文的環境，自然沒有那個需求，現在情況不一樣了。

這趟旅行，除了有美景、美食的洗禮，充滿新鮮感，更令我感到難能可貴的是，當我們一起體會各種美妙、糟糕、尷尬、感動的時刻，能夠在當下分享心中的感受，並且用兩個世代不同的觀點做理性討論，無形之中也拉近了彼此之間的距離。

人生就像一場冒險，做了才知道

一個人的品格往往反映在生活中的小事上，突破內心的恐懼，或是踏出幾十年來固有的舒適圈，不是一件簡單的事。神媽除了很能在平淡中找到樂趣之外，遇到不開心的事或各種挑戰時，也能很快地轉換思維，重新出發。

其實想想，我自己的一些個性多少也有受到她的影響。

三十五歲的時候，我決定離開舒適圈，一個人跑去上海工作。後來我開始製作跟自己前半生經歷毫無關聯的 YouTube 旅遊長片，在那之前，我根本不知道自己還能創作。

幾年前，當 YouTube 開始在全世界蔚為流行時，我受到了很大的啟發，天天上網看影片。而我的正職本來就是面對鏡頭的工作，加上平時又比較搞笑，所以身邊朋友開始慫恿我：「你怎麼不拍片？」「你拍的話一定比 xxx 好笑啊！」「你看那個誰，還不是用手機就可以拍了！而且他每天都上片，內容也沒有很講究啊！」

說真的，隨著各種類型的影片如雨後春筍般出現，雖然市場良莠不齊，我還是心動了。我有些想法想分享出來，但對於一個忙碌的上班族來說，不太容易做出什麼改變，尤其當拍影片還是一件只花錢和力氣、又不賺錢的事情。

就這樣，拖了兩年多，我人都已經從臺灣搬到了上海定居，才終於硬著頭皮徵求專業剪輯師合作。這時候，我連一支影片都還沒開始，只好告訴自己先做再說吧。

有一次我到成都出差，順道去了樂山大佛景點，試著逼自己把手機拿起來，選擇了遊客稍微少一點的角落，對著自己的臉，尷尬地自言自語起來。我把那天拍攝的出遊影片硬是用自己憑空想像的方式，切成了將近一百個片段。

於是，在萌生想要拍片的念頭兩年多後，我總算是開拍了。

接下來規劃節目內容時，我對四大主題比較有興趣：談人性的節目、貓的影片（拍攝阿香的日常）、旅行vlog，以及分享兩岸有趣的文化差異。其中我最看好的就是談人性的影片，想說在家裡就可以錄，不受天氣影響，又不用花大錢，而且只是把我腦中的東西拿出來和觀眾分享而已。以它作為頻道長期更新的內容，才運營得下去嘛。

至於旅行vlog，不太可能變成頻道主軸，旅行是我的興趣，頂多算是為自己記錄出去玩的過程囉！一個人不是天天都有辦法去旅行，既花錢又需要時間，而且一直出門也太累了！加上影片很長，之後怎麼可能長期做下去啊？肯定只是生活的點綴而已。

結果當頻道正式上線，運營了半年左右，我才終於發現，原先的想法是錯的。若是只用想像的，最好做、適合我又省錢的就是探討人性的影片，但我卻錯估了一件最重要的事情，就是自己的個性。

我本來認為最好生產的人性影片，在這半年間，本能地一直拖一直拖，就是不想著手寫腳本。而且每次錄影前我都需要自己先弄妝髮、擺燈光、架機位，作業還滿繁雜的，最後半年內我竟然只做出了兩支影片，原來我對於沒有熱情的影片類型並沒有動力執行，還常常逃避面對。反觀旅行 vlog 做著做著，竟然變成了我的一生志趣。

首先，它能幫我用影片的方式記錄下自己的旅行過程，是最棒的回憶形式，而且我發現去旅行時會有一種不想賠本的小氣心態出現：「既然人都好不容易去了，錢和時間都花了，那我一定要好好拍下來才行」，旅行過程很好玩，除了讓我樂此不疲之外，還能感到自己有所成長。

旅行結束回到家後，當下努力拍回來的東西，等於是幫自己紀錄了一段美好回憶。然後，那個不想賠本的小氣心態又出現了：「之前那麼辛苦的拍攝，不做成影片，不就浪費了？」所以我為了不吃虧，又心甘情願地把它製作成影片。

就這樣，一集又一集，旅行影片竟然變成我的頻道主軸。累積了兩年多後，我用一百多部影片跟幾千張照片與天南地北、上千上萬的網友進行交流，引發了他們的共鳴。它讓我從此更愛上旅行，培養出自己都沒想過的攝影技巧，這實在不是我一開始能夠料想得到的事啊！

人生就像旅行，常常都是想的跟做的不一樣，去做了才知道。

拍照吧！留下難忘的紀念品

這趟橫跨歐洲三十八天、無與倫比的旅程，我可以聊上好幾年。經過這趟旅行，很多事情回不去了，比如說，神媽的拍照技術變得好厲害。相信以後跟她出去玩的人，都會留下美好的回憶。

回顧我們在瑞士少女峰用冰建成的冰宮裡拍攝的影片，哪有什麼母子的感覺？根本就是兩個頑童在玩耍啊！有誰會覺得這位太太已經七十幾歲了呢？類似這樣的影片，不管是過了幾年，怎麼看怎麼開心，對嗎？

如果沒有實際出國走一遭，即便她平時就是個沒有距離感的母親，我也還是不可能看到她充滿童心的樣貌，而且我們還首次成了生命中的夥伴和隊友。

這一路上的回憶太珍貴了，所以我盡可能用影像記錄下來，希望能把這些美好的瞬間留下來，否則就太可惜了！人很健忘，每當我們回頭看這些畫面，總是回味無窮，對生活又再度燃起了動力。

有機會跟重要的人出去，一定要拍照、錄影；不要擔心拍不好，也別怕獻醜，大不了留著自己看。再說，今天的自己永遠比昨天老一點，現在回頭看年輕時的自己，誰會嫌不好看？況且，被記錄的人其實也會感受到被愛，你說是嗎？

Chapter

11

Meaning of family.

家 人 的 意 義

經歷三十八天的六國之旅後，我跟神媽的關係似乎起了一些變化。

我跟家人的關係一直都很好，尤其是神媽，她真的是個很有包容心、有智慧的母親。在我們五個孩子尚未建立價值觀的年少時代，她會循循善誘地引導我們；對待每個孩子不偏心，也從不比較誰的課業表現更優秀，總是鼓勵我們用比較正面去思考、去想事情。除了講道理之外，她還會花時間陪伴我們。

記得小學的時候，母親忙碌了一整天的工作和家務，竟然還能坐在我旁邊陪我解數學題和國文作業，簡直是神力女超人。

在我們叛逆的時候，她採取因材施教的方式，對容易爆衝的孩子與有事悶在心裡的孩子，教養方法完全不同。有時候她被逼著要說出連自己都心痛的話，有時候則是必須忍耐著暫時收回溫度，但最後孩子們都能感受到被媽媽深愛著。就算當下不服氣或是不滿意，情緒過了之後還是會為了愛而回頭。

即使她的看法跟我們不同，也從不在聆聽時隨意論斷。每個孩子跟她談心時，不用擔心會被評判。就算親子之間發生一點小衝突，神媽頂多就是不再多談，因此讓我們不管遇到什麼事情都能夠跟她傾訴，保持良好的互動。

她一直是我們家所有成員最要好的朋友，最親密的夥伴。

原本我對這樣的關係非常知足，能在世上有這樣亦師亦友又最親近的人存在，夫復何求呢？

這趟旅行，我們脫離了原本熟悉的環境和固有的互動方式，一同接受文化衝擊洗禮，彼此互相扶持，一起在陌生的異國探索，找回童年的赤子之心。

旅行結束回到家後，由於我們的作息時間不同，相處時間少了很多。但是神媽跟我說話時，神態竟然變得有點頑皮，用詞也更輕鬆，明顯感覺到她的眼神中透露著兩個字——「默契」。這是因為我們一起經歷了不少困難考驗，對彼此有了新的認識，產生革命情感，變得更親近了。

想要體驗這世界的美好，讓身邊的人變得更幸福，這樣的意念很容易被日常生活的煩惱與瑣事給掩沒，時間久了，甚至會忘記自己內心深處的聲音。

自從高中聯考後離家讀書後，我有二十幾年的時間沒有跟家人住在一起。直到疫情期間，我兩次從上海回臺灣，覺得暫時租房子也沒意義，所以跟神媽住在寬敞的新家裡。她煮的麵營養又超美味，我還迷上了她做的油蔥酥海鮮麵，真的太讚了！每一口都是滿滿的愛呀，怎麼小時候就吃不出來呢？

說真的，若是讓我青少年時期跟家人天天綁在一起，肯定行不通；我就算是「爬」，都會「爬」出去租房子住。但是，現在近中年了，走遍天涯海角後，我明白什麼是生命中最珍貴的事。

我們一家人的感情不是從一開始就那麼好，小時候其實我並不覺得姊姊們有什麼特別，爸媽對我的好也是理所當然，就我觀察，這也是很多家庭的縮影。

年紀不同、性別不同，讓我很難跟姊姊們玩在一起、聊在一起。

小時候，我整天在外面打躲避球，在社區帶領其他小孩子作亂，每天都玩得滿身大汗、爬高爬低、跟流浪狗玩，實在很難跟姊姊們有共同話題，而當我真的遇到校園或是社區的惡霸，也不願找她們幫忙，總覺得自己是男生，應該要想辦法解決。

四姊神老師小時候是一個對弟弟超級暖心的姊姊，從那個時期就能看出她對孩子很有耐性。她在體育用品店打工賺錢，幫人家試鞋子辛苦得很，卻會帶我去台北吃一餐很貴的牛排大餐，也會幫我添購衣服。那個時期我們超要好，直到我變得叛逆又忙於學業，一夕之間就疏遠了。

五姊殺手蘭從小就是學校的風雲人物，才華洋溢，天資聰穎加上天生麗質的顏值，讓她成為眾人目光焦點。但是，中學時她特別叛逆，學校老師幾乎管不動她，家裡大概也只有具威嚴的爸爸能罩得住她。

當年可是苦了神媽用盡各種方法才沒讓她變成真正的「殺手」蘭。身為弟弟，我完全不敢得罪她，實在太凶了。

當我們六個孩子一個一個長大後到外地工作、求學，中間有很多年，大家都在外面各自發展，很少說話也很少聯絡。我一度對這些姊姊感到有點陌生，想來不可思議，明明小時候那麼親，長大後距離卻愈來愈遠。

不過，漸漸地，我發現在外面結識的朋友、兄弟、閨密、同事，關係很難像家人那麼純淨。很多時候，大家結緣時都是因為互有利害關係，就算心裡不舒服，也不見得會扯破臉，大多為了少一個敵人或是日後發展而維持表面關係。當時間過去，光陰的篩子自然而然地篩出了極少數會留在身邊的人，那就是家人。

人總是在遇到磨難、失去、挫折、痛苦的事情時體會最深。幾年前，我聽到殺手蘭得到癌症，一下子慌得不知道怎麼辦才好，眼淚當場掉了下來。那個時候我才知道愛要及時，而且要多表達，並且更了解每位家人對我的重要性。幸好，後來她的病痊癒了。

人生走這一遭，想要過自己想過的生活，窮盡一生之心力都未必能夠達成。我們也許無法跟重要的人保有長久相聚的時間，但是，適時表達關心、付出行動和支持是可以做到的。

能夠成為家人是非常難得的緣分，盡量照顧好自己，不讓其他人擔憂。平時能聚就聚，不能相聚就在LINE上說說話，傳個貼圖也好。

那天有位朋友問我：「你帶你媽去壯遊之後，常常分享你跟神媽出去的事情，都不怕人家聯想你是媽寶嗎？」

我大吃一驚：「蛤？為什麼要擔心這個？」

我還記得有幾次在旅行中看到神媽最愛的植物和花卉，她很開心又興奮，簡直像個小朋友一樣，說話聲調高了八度。

可是當她看到已經凋謝的花，說：「這個就像我，已經老了。還是那些盛開的花美啊！」

我聽了心情很複雜，她當然有一定年紀，因此就算我說些蹩腳的謊言來安慰她又有何用？何況她的人生經驗這麼豐富，自然知道自己的心根本不老，這才是最重要的。

說實在的，「媽寶」不是我，而是神媽，她就是我們家的寶。人生在世，能做的事有限。對於家人，我們能做的就是盡量珍惜和他們相處的時間，因為無常才沒有在跟你講道理的！地震、疫情、戰爭、疾病、環境變化……每天不斷發生，誰又能知道以後會怎樣？

正因為人生的美好有限，才要握緊手上的沙，讓它流逝得慢一點，並且有意識地去做、去創造、去記錄那些美好的事。

多少人噙著淚、做著夢，只願用一生積蓄換回家人的健康。還能珍惜的，就盡力珍惜；已經逝去的，就將傷痛放在心裡，作為繼續前進的動力吧！

我們都要對值得的人好一點、再好一點、更好一點！

Chapter

12

The older I get,
the more I enjoy life.

愈老愈懂玩，
愈要重視玩

我跟媽媽在歐洲一起坐火車旅行時，喜歡瀏覽窗外的風景，幾頭牛、兩秒鐘就離開視線的農場、遠山上的中古世紀城堡……光是看看玻璃外的景色，對我們來說都是玩。即使坐了三小時的火車很累，仍然感覺過程中都在玩。

到了陌生的城市，大門上方寫著西元一千年建立的老宅、曾受戰火摧殘的城牆、燕子穿梭不息的迴廊、巨大圓頂加上高聳入雲的宣禮塔、看著海的老人……它們所帶給我們的想像，是「玩」。

天邊燃燒得火紅的彩霞、烏雲壓日的冷色天空、降在丘陵交疊之間的落日、冰涼的絲絲細雨、破雲而出的金光，大自然當下傳達給我們的情緒，也是「玩」。

我與神媽觀賞著路邊的植物、離我們很近討食的鳥兒、用頭撞我們的親人小貓是「玩」，以及站在瀑布下爭辯著那顆巨石到底像雞還是鳳凰？互相幫對方在美麗的景點拍下照片，認真地「玩」。

我們懷著感恩和好奇的心情吃下沒吃過的食物，跟當地人交流，天南地北地亂聊一通，真好「玩」。

在歐洲常常見到一些顛覆一般人認知的老人，歲月在他們身上似乎沒有留下太明顯的痕跡，年紀也沒有成為限制他們行動的理由。

「哇，你看，那個老太太有七十歲了吧？她全身穿著滑雪裝，要去滑雪！」

「喔喔喔，那邊的老爺爺也是！超酷啊！」

「媽，隔壁桌那位老人穿得好紳士，點了咖啡、蛋糕，甚至冰淇淋，自己帶了一本書在閱讀，也太帥了吧！」

「阿賢，你看，那個老太太就這樣悠閒地躺在椅子上做日光浴，根本沒在防曬，好天然！」

有一回，我們從少女峰山區坐纜車下來，那是四人座的小纜車，坐在我們對面的是對老夫婦，估計也是七十幾歲了，兩人都拿著在雪中徒步的裝備，心情顯得非常好。

我們很自然地聊了起來，一聊不得了，整整聊了二十幾分鐘，直到下山為止。原來他們在少女峰山腰上最美的格林德瓦有棟房子，平時住在蘇黎世附近，只要閒來無事或天氣好，就會來這裡玩各種雪上活動。像是穿雪鞋徒步（不是一般登山鞋，套在鞋子上，在雪中比較容易行走）、滑雪、玩雪撬等等，他們興奮地跟我介紹著自己的裝備，叫我也要試一試。

聊天過程中，我注意到他們沒有太多「自己是老人」的封閉意識，甚至一週還會去健身房運動兩到三次。後來我們討論到臺灣的風景，他們顯得躍躍欲試；還跟我聊起去臺灣玩時要到花蓮太魯閣等地一遊。

他們一路上笑笑鬧鬧的，全身充滿了活力；在那一瞬間，我覺得彷彿看到年輕時的他們，幾十年前就像是昨天的事，而他們依然是當年那個熱愛健行的大學生。

到了山下，我們相互揮手道別，他們又踩著輕快的步伐，手牽手離開了。

這陣子我們見到太多這樣的老人，跟神媽都對生活有了新的體悟。

什麼年紀做什麼事，是我們用青春歲月換來的人生經驗。它會讓我們更加趨吉避凶，更懂得挑選適合我們、最有效率的道路。可是，有時候時間久了，這樣的觀念也常讓我們不知不覺被定型了，難以相信自己的人生，其實還有更多可能性。

如果不是看到這些懂得享受生活、勇於嘗試的老人，我也不會這麼有感。這種面對生命的態度讓人非常神往，不禁回頭想想，自己是不是可以更細膩、積極一點地看待生活中的每一天。

由我鼓吹母親說去嘗試一些新的東西，其實很沒有說服力。因為她擁有的人生智慧和歷練都比我豐富。但是，當我們一起親眼見證這些朝氣蓬勃、沒把自己當作年長者的老人時，對未來似乎又多了一份好奇和期待。

Chapter

13

Big generation gap on values-
how to travel together?

世代價值觀落差大，
怎麼一起旅行？

在德國期間，我們去逛海德堡的老城商業街，神媽在一家店裡看到了滿喜歡的包包，一個是卡其色，一個是藍綠色。

她一向不贊成任何人為了非必要的東西花錢，所以遲遲不願出手。但我跟二姊一直鼓勵她合理消費，出國難得看到喜歡的東西呀！況且也不是很貴。

她很猶豫，不知道選哪一個好。原因大家都猜得到，她本來就是不會為了非必需品花錢的人，她一輩子為家庭節省習慣了，真的捨不得把錢花在自己身上。但我跟二姊一直鼓勵地說，合理消費沒什麼不好，出國難得看到喜歡的東西就買呀！

我知道她兩個都喜歡，而且兩個更好搭配不同衣服和心情，就算當作送重要的人的禮物也很好，再說又不是天價。最後她掙扎了很久，只買下了卡其色的包包。

那天晚上是我們在德國的最後一個晚上，我決定一個人出門去拍下老城的夜景，然後趁著包包店關門前，把藍綠色的包也買下來。

回到家後，我把包包藏在我的攝影包裡，然後假裝忙著在吃東西，請神媽幫忙去房間把我的東西從攝影包拿出來，然後靜待她發現那個包包的驚喜。

她走到我的房間，打開了包包，然後發出好大一聲「啊～～～」

「可惡！騙子！」

看到神媽笑得眼睛彎彎的，二姊趕緊問：「怎麼了？」

「他把兩個都買回來了啦！哈哈！」神媽一邊拿著新包包試揹，一邊說：「真是的，好啦，謝謝你啦，這下子不用選了。」

這麼可愛的好人，就應該要被這樣寵愛，對吧？每次看到神媽好氣又好笑的表情，我都覺得可以看一輩子。但是我想以後無論怎麼給她驚喜，可能都很難了。因為她恐怕會愈來愈不相信我，在她心中，我已是放羊的大孩子了。

「世代價值觀落差，是不是會反應在旅行中？帶父母親出國，要怎麼花錢才好？」這是許多人的疑問。

一輩子節省慣了的神媽，捨不得花錢在自己身上，也不懂得善待自己。錢賺了總是要花的，怎麼花是「浪費」，怎麼花是「節省」？兩個世代的消費價值觀，在這次旅行中有了難得討論的機會。

「錢要花在刀口上」、「有多少錢做多少事」是我們都耳熟能詳的話，長久以來幫助了很多人。可是，別人的「刀口」跟我的「刀口」恐怕不一樣，別人的「多少」錢、「多少」事，常常跟我們的認知天差地遠。

我雖然早有賺錢能力，但在一些很多人覺得「非刀口」的事情上還是會消費，像是吃大餐、看電影、買衣服、旅遊、攝影、聚會……自己辛苦賺來的錢，想怎麼分配就怎麼分配，尤其目前我還未婚，一人吃飽全家飽。

你有想過，什麼是「玩」嗎？有些人的玩樂方式是玩遊戲、打球，也有些人是騎摩托車、唱歌、逛街、吃美食。我個人的玩法是「選擇性幼稚」，找回充滿好奇心的童趣，暫時忘記自己是個現實生活中處處追求效率和精算的大人。

可以想像，不同時代和環境、狀況形成的價值觀差異還是頗大的，花錢的方式也不一樣。我是個中年頑童，到了各國的超市，總喜歡買當地才有的糖果或點心，像是看到有鯊魚、鱷魚樣貌的軟糖，或是跟一般五顏六色的水果軟糖完全不同的墨黑色軟糖就會毫無抵抗能力地入手；我想知道歐洲牛奶喝起來是否不一樣？（附帶一提，瑞士的牛奶讓我驚豔，從此愛上幾十年不喝的牛奶），去嘗試看看各種不同的東西。

在歐洲上廁所要付錢——付啊！不然要再找下一間廁所，不是讓神媽很辛苦嗎？

和馴鹿近距離接觸要花四千台幣——付啊！不然這輩子下次跟神媽能在哪裡找到馴鹿陪我們在雪裡玩？

好不容易搭纜車轉到頭昏，走出人擠人的車廂，終於來到 007 電影拍攝過的瑞士雪朗峰門口，門票竟然上漲到 85 歐元——付啊！不然我們下次再飛十六個小時加上四小時的車程前來嗎？而且沒上去過，真的無法預測會收穫什麼。

在冰天雪地中走了幾個小時的路程，肚子餓了，加上想要吃吃看當地的漢堡王有沒有不一樣，但是一頓餐的價格竟然是臺灣四倍左右——吃啊！不然我就沒有辦法知道各國品質是否一樣。而且我餓了，這是重點，吃別的食物更貴數倍。

如果讓神媽選擇，她大多數時候會是「算了」、「忍耐一下」，下次再說吧。

我的快意瀟灑跟她的謹慎內斂，形成強烈對比。媽媽其實不是沒有錢，她靠著努力打拚和節儉成性，早就有了可以好好過活的老本。但是我也明白，這種事情只能慢慢來，如果過於一廂情願，那就變成以善為名的壓力了。而且我完全不覺得觀念不一樣就代表誰對誰錯，只是選擇不同而已。

在旅遊當下，總要有一個人做決定，只要她沒有迅速、堅決地反對，我也沒看出她真的不想要的話，就會直接做出選擇了。

「沒關係，上吧。」「買！都來了！不要擔心。」「走！我們去看馴鹿！」「去！過程一定也很美！」「想吃就拿呀，試試看嘛！」

還好，絕大多數的選擇，最後都換成了神媽臉上開心的笑容，以及自己嘗試後的滿足感。

但我必須說，第二貴的那趟瑞士雪朗峰行程（第一貴是馴鹿雪撬，我們玩得可嗨了！），真心不推。因為那天適逢假日，纜車擠到爆炸又要一直轉車，且已經先被少女峰和菲斯特震撼過的我們，上去後不覺得風景有太多不一樣的感受，所以這個雙人170瑞朗左右的選擇，的確是比較不划算的。

但是，話說回來，如果都到了入口不上去，又怎麼會知道值不值得呢？會不會在未來的日子，總是對這個007電影拍攝地充滿了想像和憧憬？

如果你想知道見山到底是不是山，首先得先見山一面。

體驗一件事情要花多少代價？因人而異，沒有標準答案。但我知道，當身邊的人對了，那麼一路上「不好玩的」也會變得特別，好玩的變得更好玩，「不小心花掉」的變成經驗，「用得划算」化為故事與回憶，能夠獲得雙倍的幸福。

Epilogue

後記

那天我被一位素不認識的網友在IG上tag，他說買了我和神老師、殺手蘭合著的《追夢一家》，當我看到他的文字時，深深地被撼動了。

原來，我以前拍攝的那些YouTube旅行影片是他與母親的共同記憶，當他幫已經處於癌症末期的媽媽按摩時，他媽媽會說：「可以看看Vocal的影片嗎？」

他們母子一邊看一邊討論，他媽媽說：「你看看Vocal的世界多美麗啊。我相信未來你的世界一定也很美麗，我離開後去做你想做的事情吧。」

後來他媽媽離開人世了，他去買了我的書放在供桌上，跟媽媽說：「如果妳討厭看文字，就看圖片吧。」

我知道這件事情後，心情很複雜。有機會藉由分享進入別人的生活裡，實在太神奇了！能夠被理解，是創作者最開心的事情，讓我肯定自己還會繼續做這樣的事。同時，我也好遺憾，他沒辦法像我一樣，跟身體健康的媽媽繼續談天說地、探索世界。

我想起之前帶神媽出國壯遊三十八天，是那麼的幸福，回來後我們的關係又更昇華了。當時好多網友都留言或是私訊給我，說他們受到了我的文字鼓勵，已經開始計畫與父母親的親子之旅了。

原來分享好事也會換得更多好事，在這個嘈雜紛亂的世界裡，其實每個人都還是能帶給別人正面力量，哪怕只是對陌生人說句好話。

雖然網友感謝我帶給他們力量，其實我同樣感謝網友給予我的鼓勵。人都是希望被讀懂的，大多時候都只能在自己的生活領域中默默努力，能夠被看見，真的很開心。

從土耳其、歐洲一路到北極圈的三十八天、六國之旅中，有天我們在瑞士時天快黑了，整個雪山湖旁的小村子，遊客早已走光，只剩下我跟神媽，四周萬籟俱寂。

我正把握最後的天色幫她拍下回憶的照片，一邊指引她怎麼拍，一邊心裡卻開始分心。因為此時非常寂靜，只剩下我跟我母親，我有一種夢幻到不像真實世界的抽離感，這就是世上最美好的幸福嗎？

那趟旅程中，每次看到神媽擺出略帶年代感卻超有活力又可愛的拍照姿勢，腦海中都會冒出：「原來我媽也有這一面。」「我到底錯過了多少母親的日常？」「我們怎會這麼少、這麼晚的時間，才一起體驗這些人生最快樂的事呢？」心中不禁湧起一股心酸和不捨。

我並不是責怪自己，畢竟我需要為生存奮鬥，在工作中也有自己的仗要打。

生命很殘酷，有些人辛苦了一輩子才能享福，就像神媽一樣。她一肩扛起一家人的生活擔子，努力對抗命運；即使負債幾十年，仍在中年時堅持完成幼年時求學的夢想。

這趟破天荒之旅回來後，神媽常說：「從沒想過會親自踏上數十年來在晚間新聞報導中聽到的這些國家。」

我們在土耳其感受東西方文化融合的結晶，在挪威看被雪山環繞的極光女神，在德國探訪超過三年未見的親人，甚至駕車去了法國的風情小鎮、葡萄酒區……對於一生幾乎都奉獻在養育子女、與債務奮戰的神媽來說，是很陌生的體驗。因為她對「玩」根本沒有概念，說直接一點，就是她不太會玩。

於是她看到馴鹿時又驚又笑，見到滿城的海鷗和圓頂清真寺會興奮得搓手；當零下五度的夜空中極光滿天飛舞時，讓她完全失控地對著天空大喊！在旅行中，她一次又一次舉起手機，彷彿鏡頭代表她的心，對著全新的世界抒發內心單純的感受。

小時候，父母用身軀替我們阻擋人世間的風雨。長大後的我們，仍然是父母眼中的孩子。而現在，換我們牽著他們的手去看外面的世界。

人生有限，向父母表達愛或是共處的機會不多了，何不讓心中的遺憾少一些。

當家人們知道神媽準備出國都十分開心，各種出力出錢，讓她身上穿戴著孩子們的滿滿心意出門。希望讓她不再覺得對自己好，有那麼一絲的浪費。

經過這趟旅行，我們擁有了許多美好的回憶。我很感謝在母親還健康時能與她共同完成這件事，並慶幸自己竟然能夠做到。期待母子兩人能再一起去世界上的各個城市看看，成為我人生中很重要的夢想清單。

神媽，要繼續健康快樂喔！

＊最後，附上第一趟世界旅行一年半後，我們又再度出發的旅行照片，希望你們也能開心！

夏天也很美的瀑布鎮

神媽媽與馬特洪峰第一次相見

阿姆斯特丹市區踩點

世界奇觀的瑞士懸崖餐廳

ACROSS 83

還好，我帶媽媽去看了世界

作者	沈昌賢 Vocal
責任編輯	龔槵甄
校對	劉素芬
美術設計	任宥騰
繪圖	沈雅琪
總編輯	龔槵甄
董事長	趙政岷
出版者	時報文化出版企業股份有限公司
	108019 臺北市和平西路三段二四〇號四樓
	發行專線　02-2306-6842
	讀者服務專線　0800-231-705・02-2304-7103
	讀者服務傳真　02-2304-6858
	郵撥　19344724 時報文化出版公司
	信箱　10899 臺北華江橋郵局第 99 信箱
時報悅讀網	www.readingtimes.com.tw
法律顧問	理律法律事務所　陳長文律師、李念祖律師
印刷	華展印刷有限公司
初版一刷	2025 年 2 月 7 日
定價	新台幣 420 元
	(缺頁或破損的書，請寄回更換)

時報文化出版公司成立於一九七五年，並於一九九九年股票上櫃公開發行，
於二〇〇八年脫離中時集團非屬旺中，
以「尊重智慧與創意的文化事業」為信念。

還好，我帶媽媽去看了世界 / 沈昌賢 (Vocal) 著 . 一初版 . 一臺北市 :
時報文化出版企業股份有限公司 , 2025.02
面 ;　公分　一 (Across ; 83)

ISBN 978-626-419-203-3(平裝)
1.CST: 旅遊文學 2.CST: 世界地理

719　　114000093

ISBN 978-626-419-203-3
Printed in Taiwan